AF566320

Chunky Knits

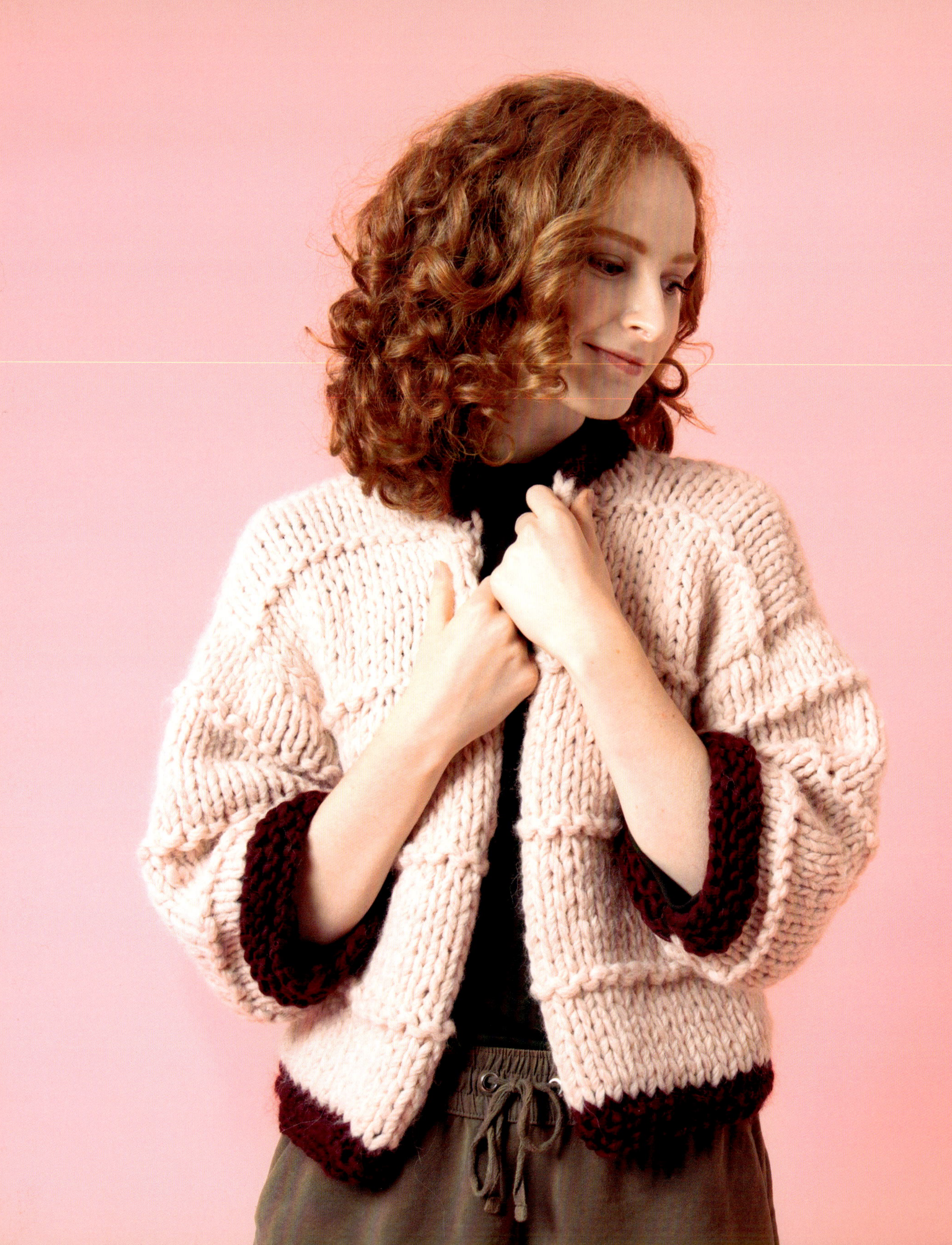

Iryna Huber

Chunky Knits

Das geniale Schnellstrickbuch

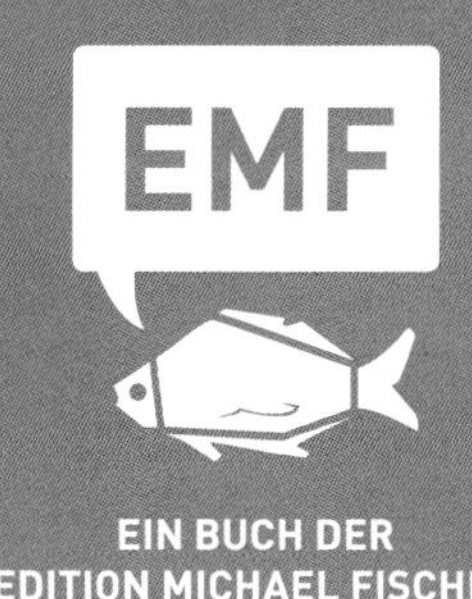

EIN BUCH DER
EDITION MICHAEL FISCHER

INHALT

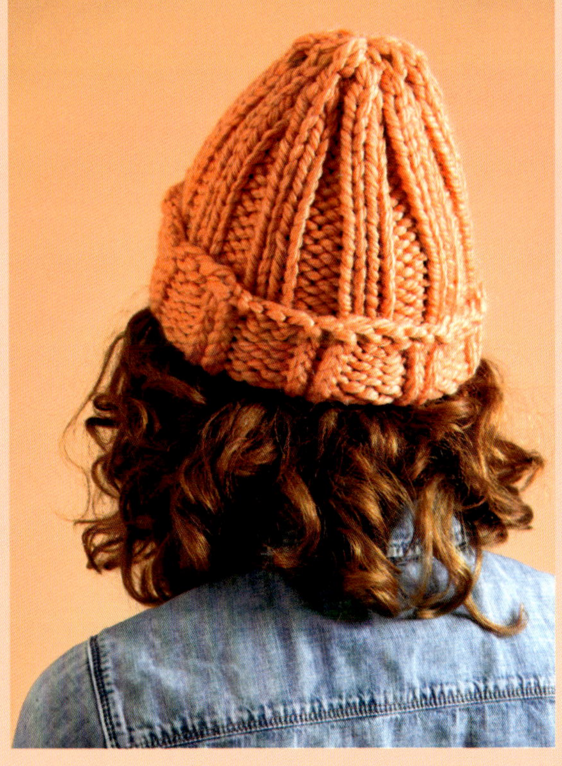

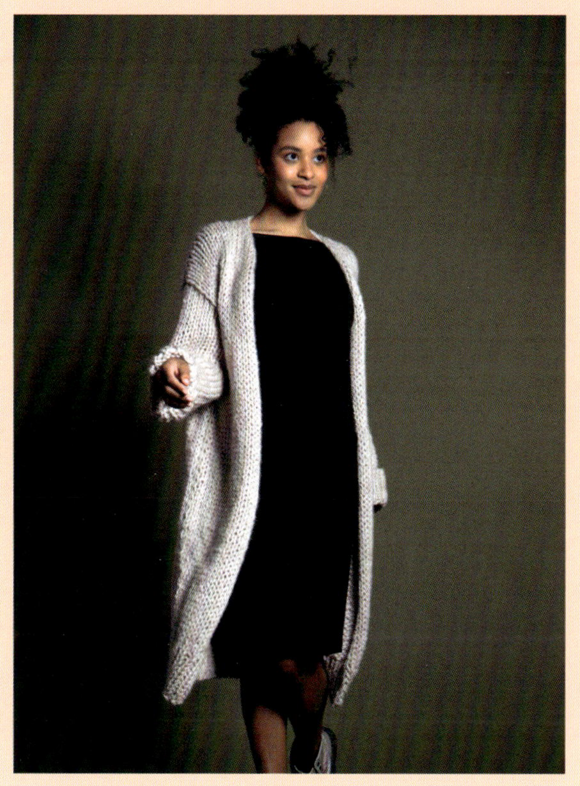

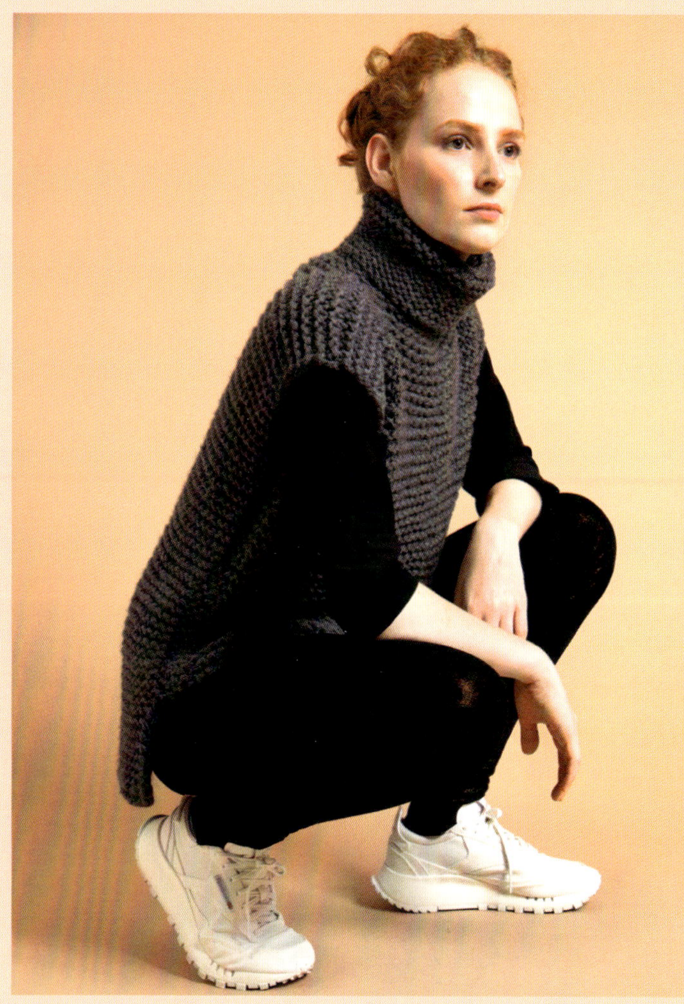

VORWORT

Dieses Buch ist besonders für dich Anfänger gedacht. Denn als ich vor einigen Jahren mit dem Stricken begann, wusste ich selbst gar nicht, wo ich anfangen soll.

Mir fiel es richtig schwer, die für mich passenden Projekte zu finden: Einsteigerprojekte, mit denen ich schnell klarkommen konnte und die leicht und verständlich für mich waren.

All diejenigen, die sich mit ihrem neuen Hobby noch etwas schwertun, möchte ich mit diesem Buch unterstützen, doch ich hoffe, nicht nur die Anfänger werden hier fündig.

XXL-Stricken liegt voll im Trend, denn man kommt mit dickem Garn und dicken Nadeln wirklich schnell voran. In dem Buch findest du moderne Oversize-Pullis, Grobstrick-Cardigans oder auch Pullunder für verschiedene Anlässe.

Modische Unikate selbst zu zaubern ist sehr einfach und unkompliziert, und so kannst du dich von der Masse wunderbar abheben und deine Vorlieben und Wünsche selbst erfüllen.

Ich wünsche dir viel Spaß und Freude beim Stricken.

Eure Iryna

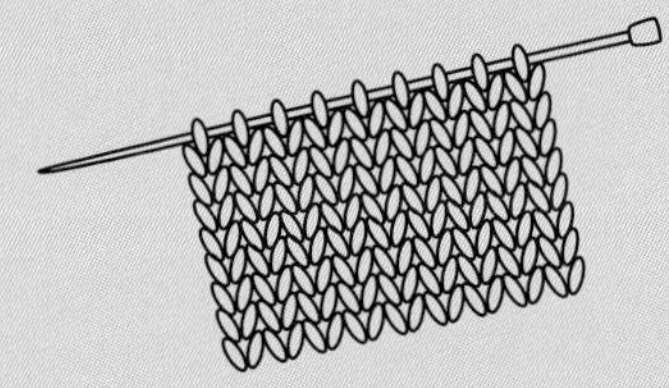

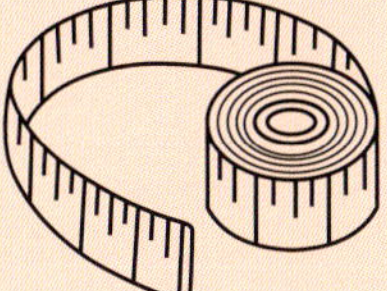

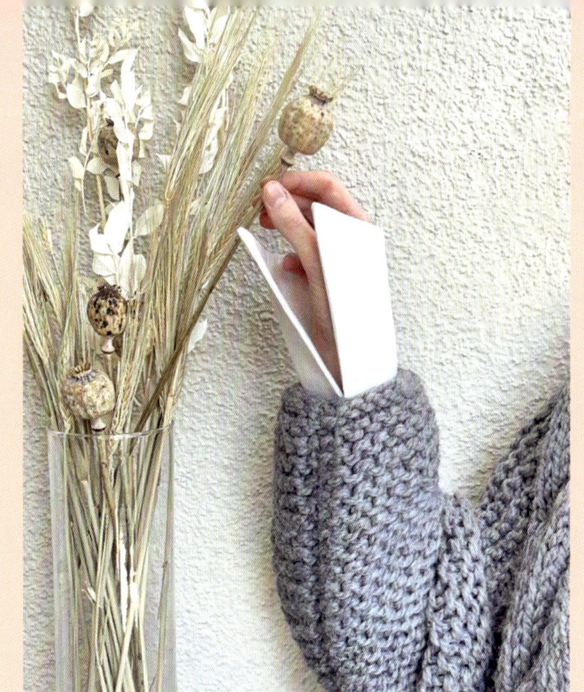

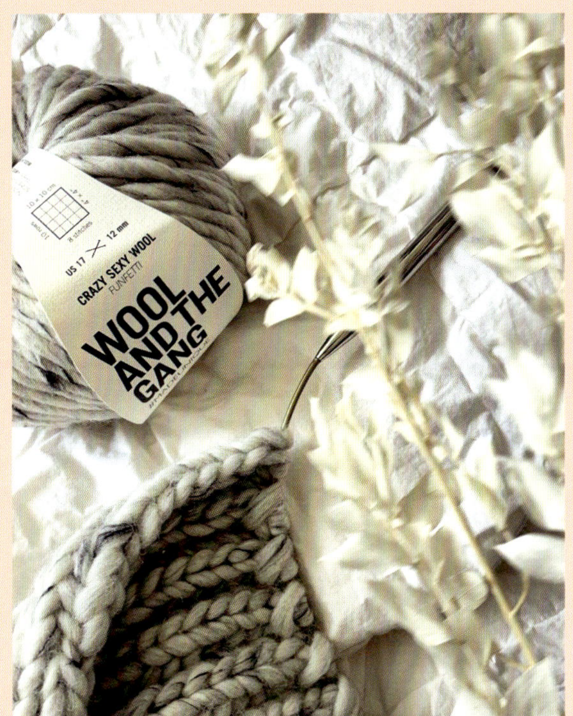
10 x 10 cm
10 rows
8 stitches
US 17
12 mm
CRAZY SEXY WOOL
FUNFETTI
WOOL AND THE GANG

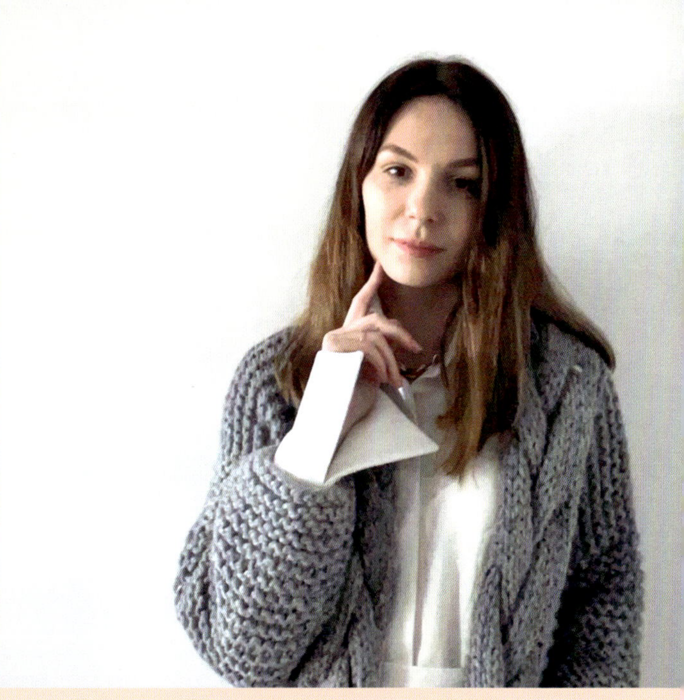

BEVOR ES LOSGEHT

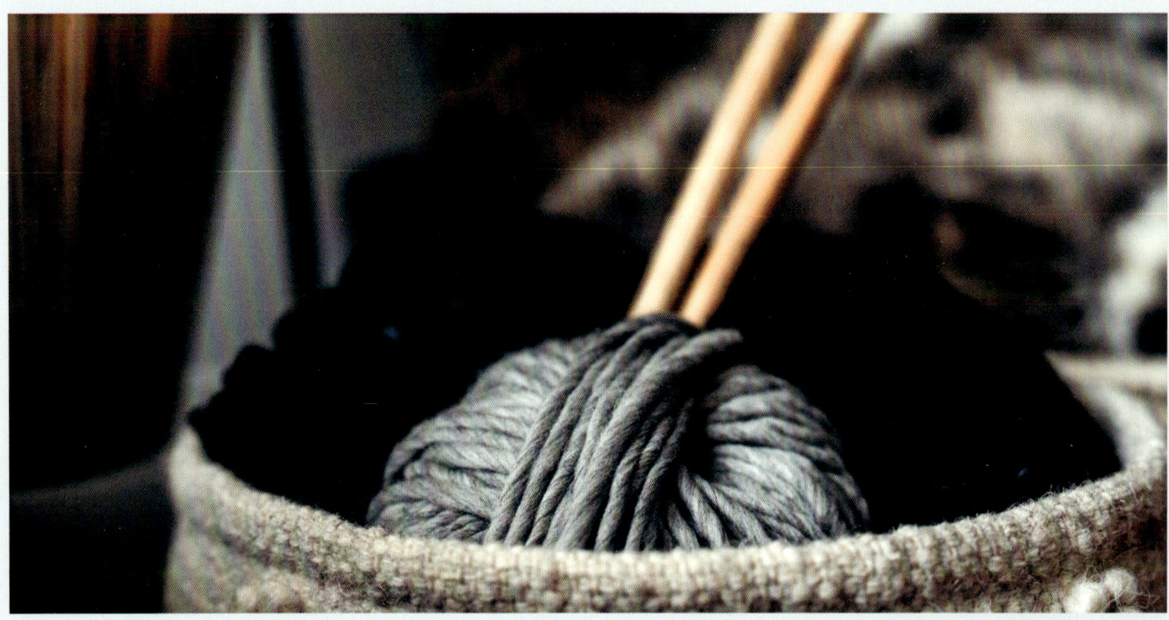

Kleine Tipps, große Wirkung

1. Starte dein erstes Projekt am besten nicht mit dunkler Wolle, denn damit siehst du die Maschen schlechter. Hellere Wolle ist super dafür geeignet, kleine Fehler schon frühzeitig zu erkennen.
2. Damit der Einstieg leichter gelingt, solltest du beim ersten Strickversuch gerade lange Nadeln verwenden, am besten aus Holz. Das Garn gleitet zwar nicht so leicht darüber hinweg, doch das ist gerade für Anfänger sehr hilfreich, da so weniger Maschen herunterfallen können.
3. Statt eines dicken Garns kannst du auch dünnere Wolle verwenden und diese 2-fädig oder sogar 3-fädig stricken. Achte dann aber darauf, ausreichend Garn im Haus zu haben. Du kannst zum Beispiel einen Faden von beiden Seiten eines Knäuels verwenden und beide Fäden als einen dicken Faden verstricken.
4. Um neue Maschen aufzufassen, solltest du eine Nadelstärke kleiner als angegeben verwenden. So wird der Kragen oder der Ärmel elastischer, und es entstehen keine Löcher.

GARNAUSWAHL

Es gibt so viele verschiedene Garne, welches soll ich nur nehmen?!

Bestimmt hast du dir diese Frage auch schon gestellt, und es ist auch für mich immer wieder eine kleine Herausforderung. Lies dir am besten zunächst die Anleitung deines Wunschprojekts genau durch.

In der Anleitung selbst findest du schon Angaben zum Garn und zur benötigten Menge. Auch die Lauflänge, Maschenanzahl, Nadelstärke und die Reihenanzahl kannst du darin finden. Möchtest du ein anderes Garn als angegeben verwenden, solltest du darauf achten, dass die Lauflängen übereinstimmen.

Es ist auch wichtig zu beachten, dass viele Anleitungen für ganz bestimmte Garne gedacht sind, damit Schnitt und Passform ideal mit dem Garn zusammenspielen.

MASCHENPROBE

Nicht jeder weiß: Die Maschenprobe ist ein wichtiger Teil eines erfolgreichen Projektes – wenn nicht sogar der wichtigste. Bei der Maschenprobe wird überprüft und berechnet, wie viele Maschen nebeneinander bzw. wie viele Reihen übereinander ein Quadrat von 10 x 10 cm ergeben müssen.

Wenn die Maschenprobe nicht stimmt und man von der Anleitung abweicht, kann es Unerfahrenen wie auch Profis passieren, dass ein Projekt schiefgeht.

Investiere lieber am Anfang Zeit in eine Maschenprobe, anstatt später Fehler ausbügeln zu müssen.

Jeder strickt anders, und wenn deine Maschenprobe größer oder kleiner ausfällt, kannst du die Nadelstärke entsprechend anpassen: Strickst du zu locker, verwende eine kleinere Nadelstärke, strickst du zu fest, greife auf eine größere Nadelstärke zurück.

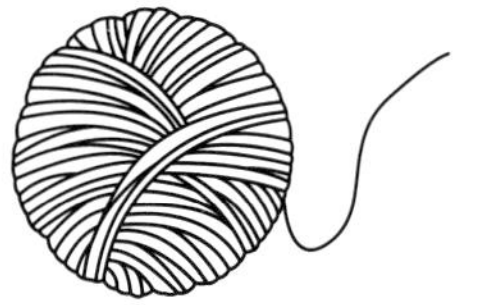

WASCHEN VON GROBEN MASCHEN

Für hochwertige, handgefertigte Projekte empfehle ich dir generell Handwäsche.

Fülle warmes Wasser in ein sauberes Gefäß – ein Eimer, dein Waschbecken oder die Badewanne eignen sich dafür gut, das Wasser sollte etwa 30 °C haben.

Füge nun etwas Feinwaschmittel hinzu und löse es durch leichtes Umrühren auf. Als Faustregel reicht ein Teelöffel Waschmittel pro Kleidungsstück aus.

Nun das zu waschende Stück im Wasser einweichen lassen, bewege es in kreisenden Bewegungen hin und her. Dieser Vorgang sollte nicht länger als 3–5 Minuten dauern.

Nun fülle ein zweites Behältnis mit Wasser und tauche deine Wäsche hinein. Wiederhole diesen Vorgang, bis sich alle Waschmittelreste gelöst haben.

Wichtig ist, dass du zu keinem Zeitpunkt zu kräftig auswringst, knetest oder schrubbst, dabei könnte dein Stück Schaden nehmen.

Selbstgemachtes gehört nicht in den Trockner. Zum Trocknen am besten liegend auf einen Tisch oder eine Wäschespinne damit. Im Ofen oder auf der Heizung könnte das Strickstück eingehen.

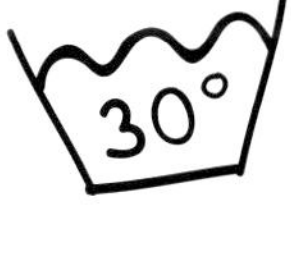

WEITERES STRICKZUBEHÖR

1. (Rund-)Stricknadel
2. Häkelnadel
3. Zopfnadel
4. Stumpfe Wollnadel
5. Schere
6. Maschenmarkierer
7. Maßband
8. Sicherheitsnadeln
9. Hilfsnadel

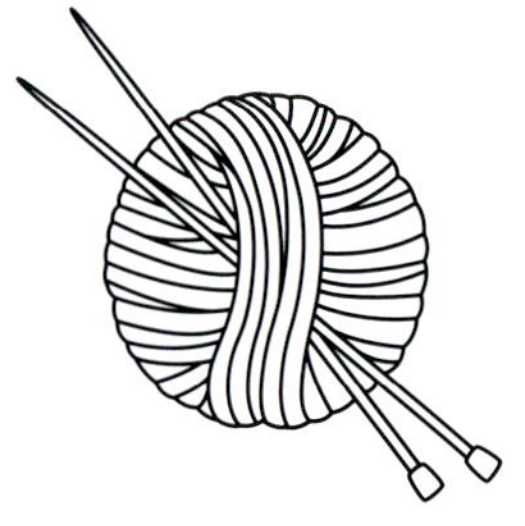

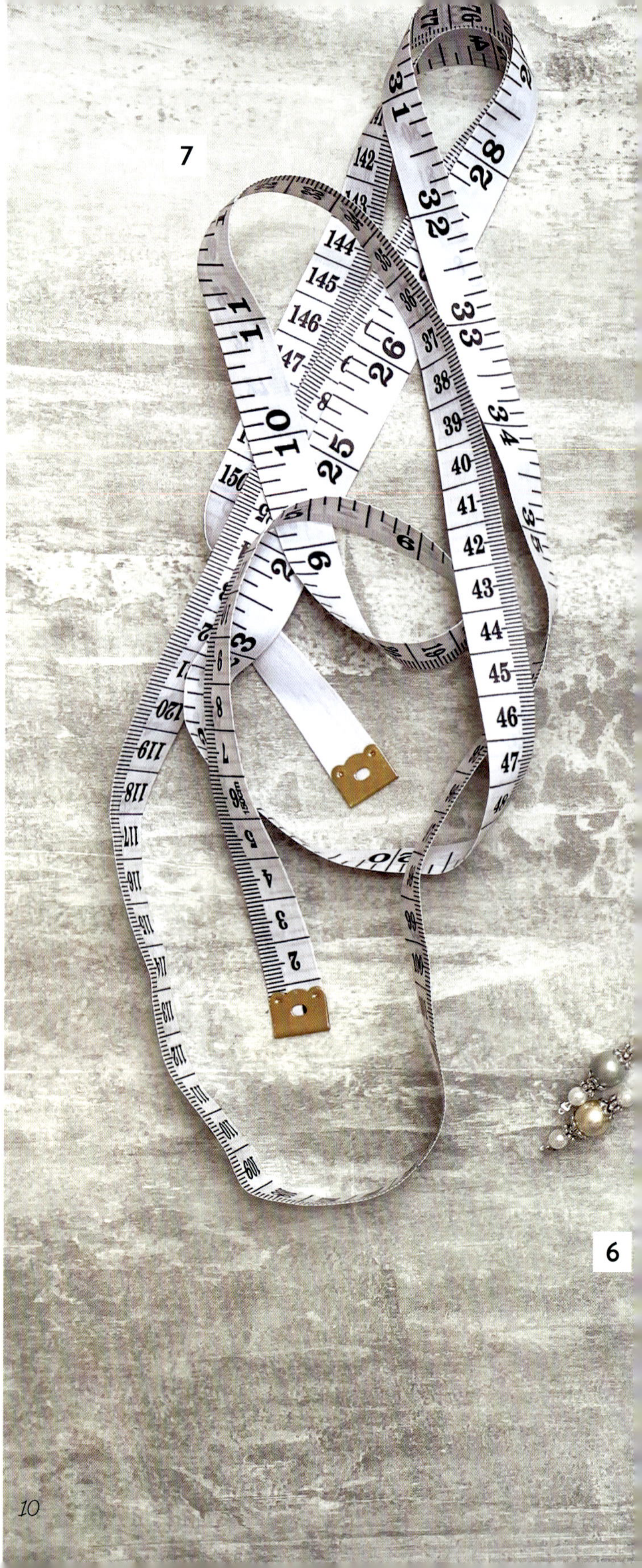

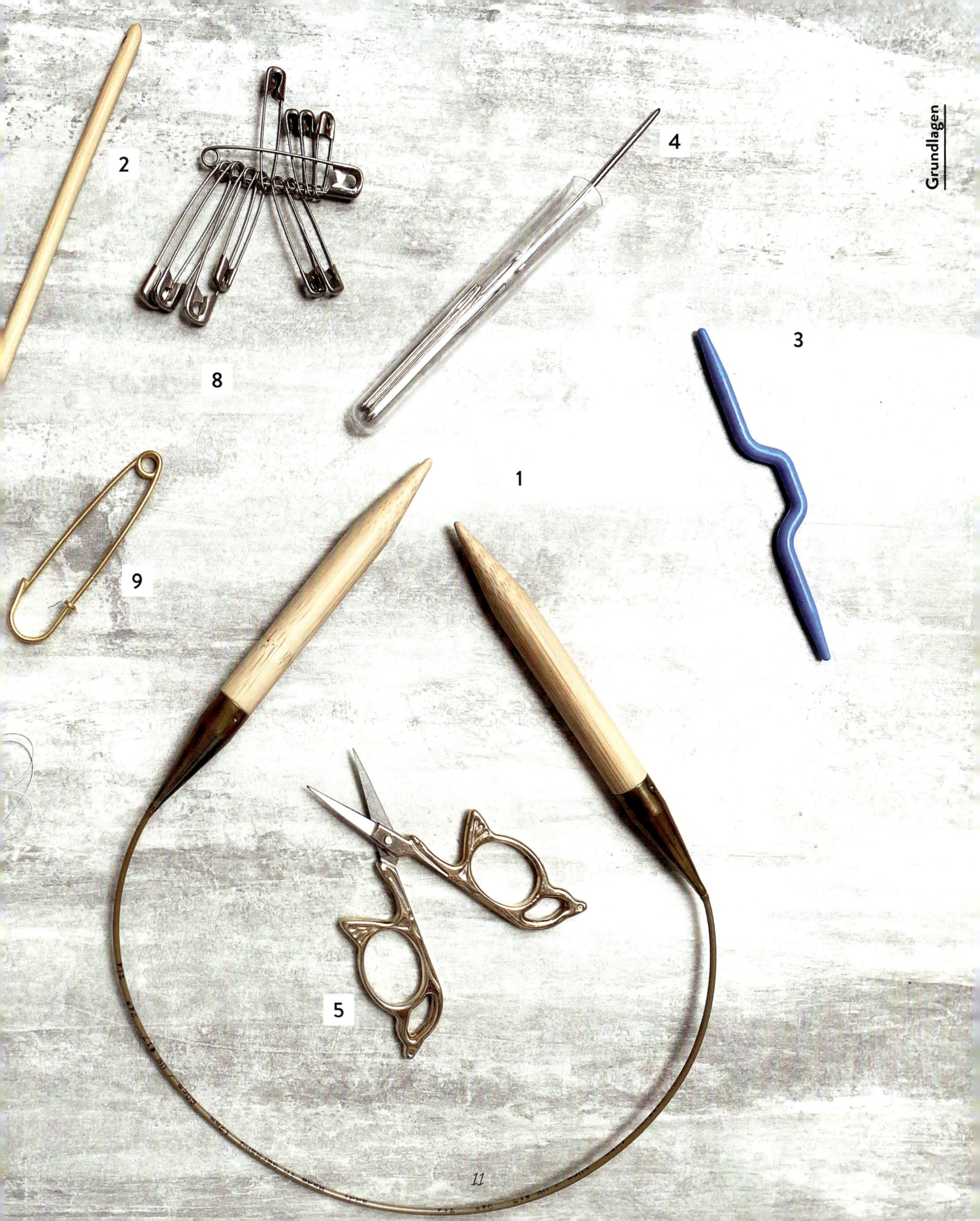
2
4
3
8
1
9
5

Die richtige Größe auswählen

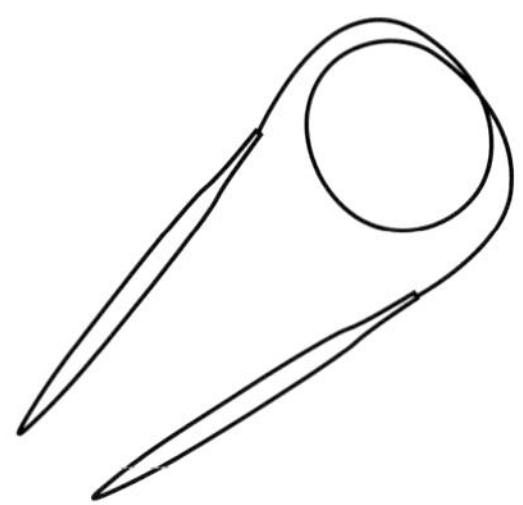

GRÖSSENTABELLE

Oberteile (Pulli, Cardigan, Allrounder, Pullunder)

GRÖSSE	S	M	L	XL
EUR	36	38	40	42
Brustumfang (in cm)	82–86	87–90	91–94	95–98
Taillenumfang (in cm)	67–71	72–75	76–79	80–83
Hüftumfang (in cm)	88–92	93–96	97–100	101–104

Mütze

GRÖSSE	KOPFUMFANG (IN CM)
S	54–55
M	56–57
L	58–59
XL	60–61

Handschuhe

GRÖSSE	HANDUMFANG (IN CM)
S	17–18
M	19–21
L	22
XL	23,5

SCHWIERIGKEITSGRADE

✖ einfach

✖✖ benötigt etwas Übung

✖✖✖ fortgeschritten

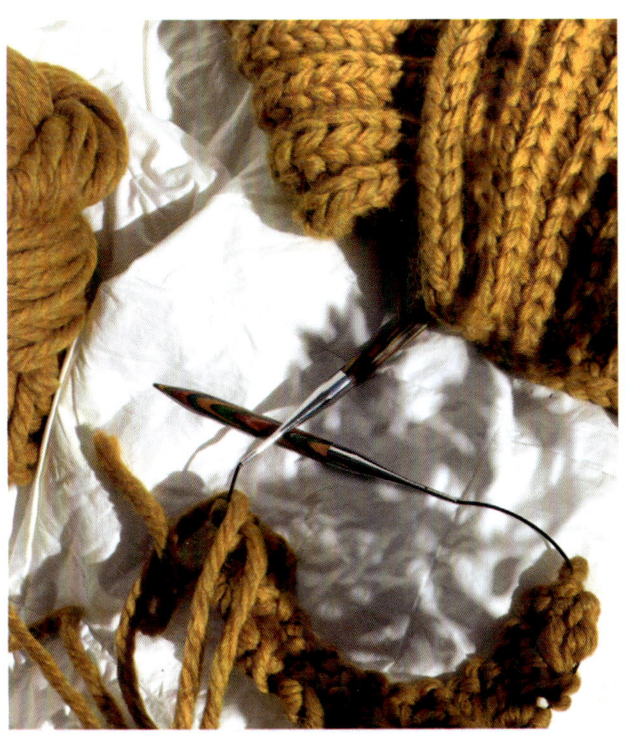

ABKÜRZUNGEN

abh	abheben
abk	abketten
abn/Abn	abnehmen/Abnahme(n)
anschl	anschlagen
Fb	Farbe
Hin-R.	Hinreihe
LL	Lauflänge
M	Masche(n)
MM	Maschenmarkierer
Nd	Nadel(n)
QF	Querfaden
R	Reihe
Rd	Runde
RM	Randmasche(n)
Rück-R.	Rückreihe
str	stricken
U	Umschlag/Umschläge
verschr	verschränkt
wdh	wiederholen
zun/Zun	zunehmen/Zunahme(n)
ZUre	Umschlag und Masche rechts zusammenstricken
zus	zusammen
zusstr.	zusammenstricken

Grundtechniken

MASCHEN ANSCHLAGEN

Der Kreuzanschlag ist der herkömmlichste und bekannteste Maschenanschlag. Gerade für Anfänger ist er einfach zu erlernen und zu bewältigen. Er kann für jedes darauffolgende Muster verwendet werden und bildet eine stabile und zugleich elastische Kante.

Hinweis: Diese Grundschlinge (auch „Anfangsschlinge") ist der Beginn beinahe aller Anschlagsmethoden.

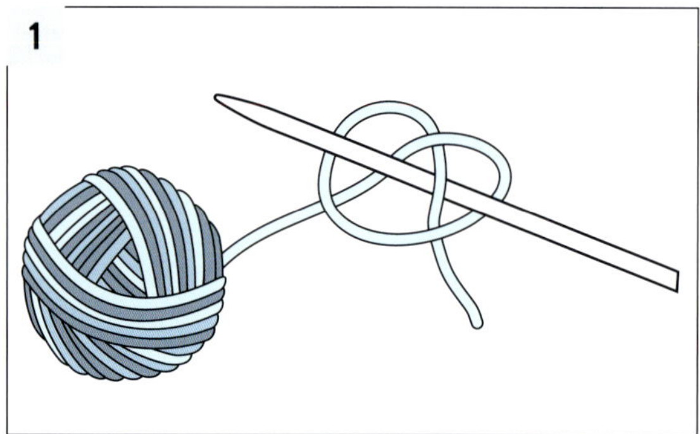

Es wird zunächst auf der rechten Nadel eine Grundschlinge gebildet. Das Fadenende sollte dabei etwa 3 x so lang sein wie die gewünschte Anschlagskante – bei dickerem Garn etwas mehr, bei dünnerem etwas weniger.

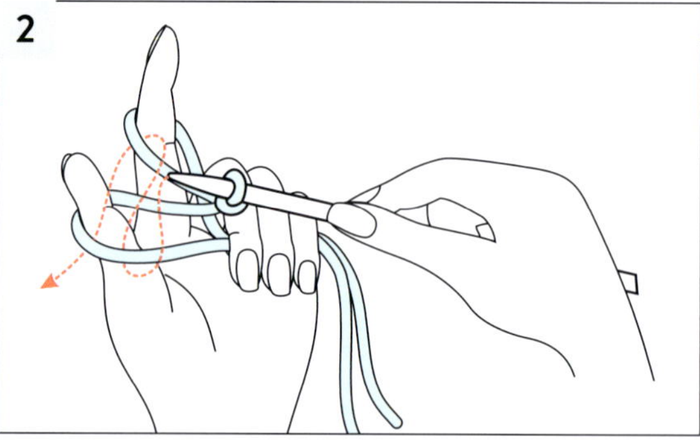

Den Arbeitsfaden, der mit dem Garnknäuel verbunden ist, über den Zeigefinger führen, das Garnende über den Daumen legen. Die Nadel unter den linken Daumenfaden führen, dann über den linken Zeigefingerfaden und diesen als Schlaufe durch die beiden Daumenfäden hindurch nach vorne ziehen.

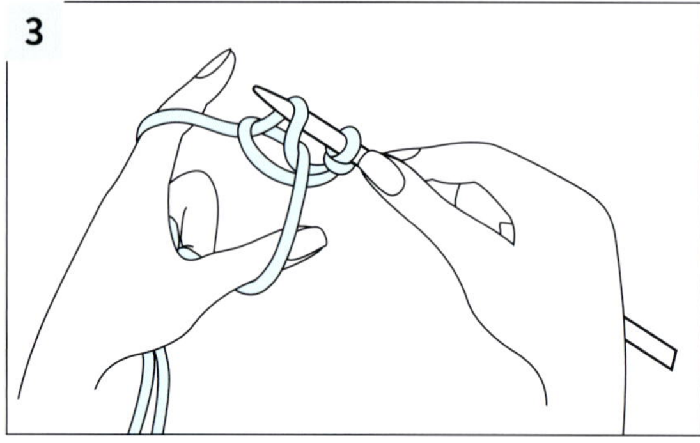

Die Masche auf der Nadel anziehen und die Fäden auf Daumen und Zeigefinger legen. Schritt 2 und 3 laufend wiederholen.

Tipp

Gerade Anfänger neigen dazu, den Kreuzanschlag besonders fest auszuführen. Schlage die Maschen dann einfach statt mit nur einer mit zwei parallel zusammengelegten Nadeln an, so wird der Anschlag etwas lockerer. Sollte dein Anschlag umgekehrt stets zu locker ausfallen, so verwende für die Anschlagsreihe eine um ein bis zwei Nadelstärken dünnere Nadel.

RECHTE MASCHEN

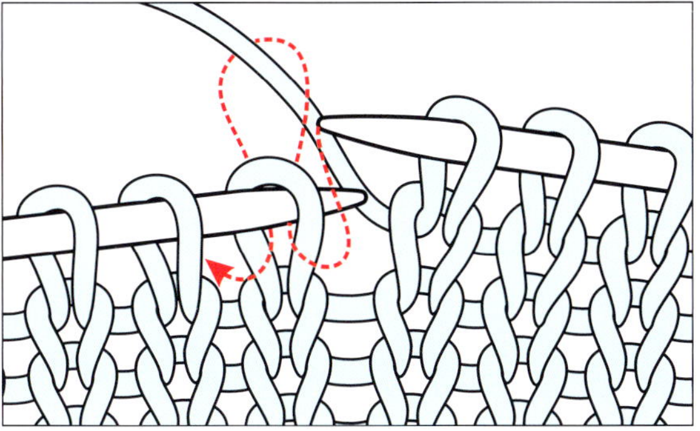

Unabhängig davon, wie und in welcher Hand du den Arbeitsfaden hältst, die rechte Masche wird stets gleich gestrickt. Dazu wird mit der rechten Nadel von vorn in die nächste Masche auf der linken Nadel eingestochen. Der Arbeitsfaden wird danach von oben ergriffen und durch die Masche gezogen. Die neue Masche befindet sich somit auf der rechten Nadel, die ursprüngliche Masche lässt du von der linken Nadel gleiten.

Kontrolle: Die neue Masche liegt wieder so auf der Nadel, dass der rechte Maschenschenkel vorn und der linke Maschenschenkel hinten liegen.

LINKE MASCHEN

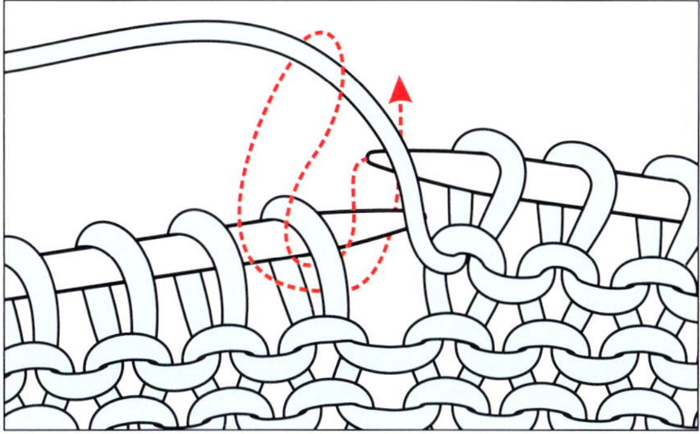

Zum Stricken einer linken Masche hältst du den Arbeitsfaden vor der Arbeit. Stich mit der rechten Nadel von rechts in die nächste Masche auf der linken Nadel ein. Lege den Arbeitsfaden von oben nach unten um die Nadel herum und hole die Nadel zusammen mit der neuen Masche durch. Die ursprüngliche Masche lässt du von der linken Nadel gleiten.

Kontrolle: Die neue Masche liegt wieder so auf der Nadel, dass der rechte Maschenschenkel vorn und der linke Maschenschenkel hinten liegen.

MASCHEN LINKS VERSCHRÄNKT

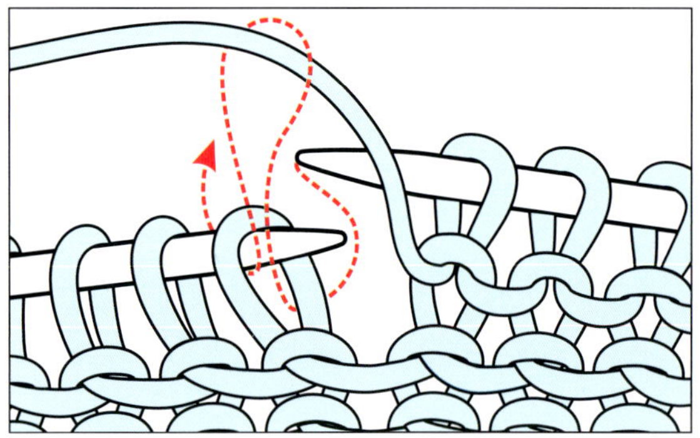

Um eine linke Masche verschränkt zu stricken, lege den Arbeitsfaden wie für eine normale linke Masche vor die Nadel. Führe die rechte Nadel hinter dem hinteren Maschenschenkel ein und hole den Arbeitsfaden durch.

MASCHEN RECHTS VERSCHRÄNKT

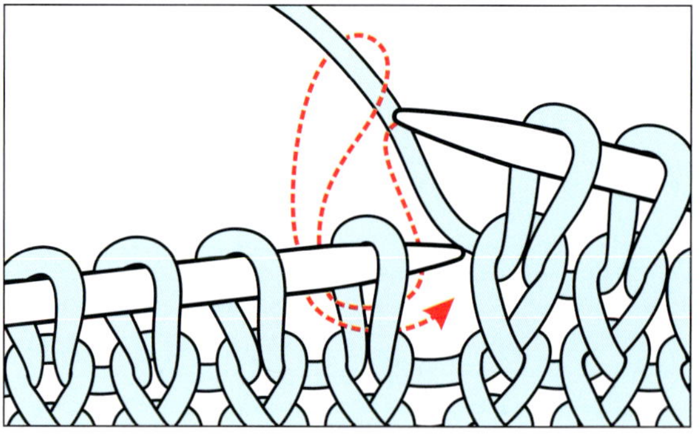

Halte den Arbeitsfaden hinter der Nadel. Dann führe die rechte Nadel von rechts hinten in die nächste Masche ein und hole den Arbeitsfaden durch. Verschränkte Maschen liegen anschließend verkreuzt im Maschenbild.

UMSCHLAG

Für einen Umschlag führe den Arbeitsfaden um die rechte Nadel, bevor du die kommende Masche abstrickst. Umschläge werden für Lochmuster sowie für Maschenzunahmen verwendet.

Zwischen zwei rechten Maschen

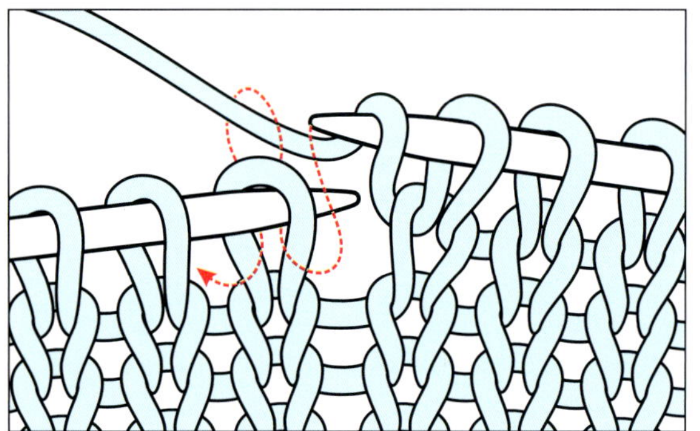

Lege den Arbeitsfaden von vorn über die rechte Nadel und stricke die folgende Masche normal rechts ab.

Zwischen zwei linken Maschen

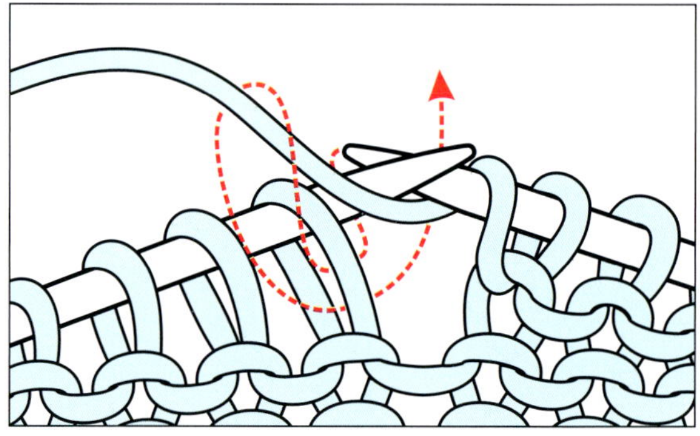

Lege den Arbeitsfaden von vorn über die rechte Nadel und führe ihn weiter nach vorn, bevor du dann hinter dem Arbeitsfaden in die folgende Masche einstichst, um diese links abzustricken.

MASCHEN AUS DEM QUERFADEN ZUNEHMEN

Hochgezogene Zunahme in einer Linksreihe (nach rechts geneigt)

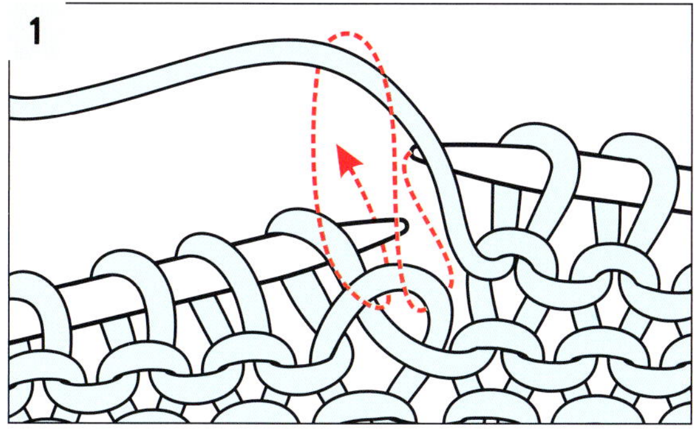

Mit der rechten Nadel von hinten in die Masche unter der kommenden Masche einstechen und den Arbeitsfaden wie zum Linksstricken durchholen.

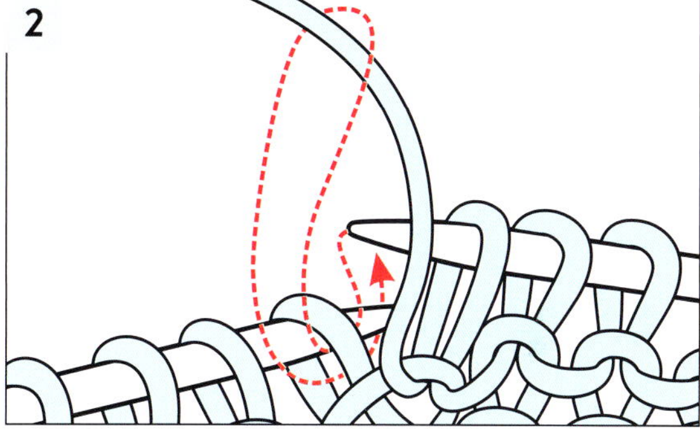

Die folgende Masche normal links abstricken.

Hochgezogene Zunahme in einer Linksreihe (nach links geneigt)

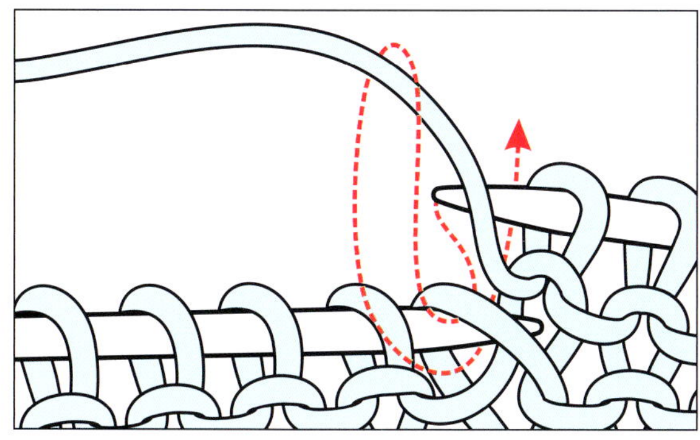

Mit der linken Nadel von vorn zwei Maschen unter die soeben gestrickte Masche einstechen und diese anschließend mit der rechten Nadel links stricken.

Tipp

Hochgezogene Zunahmen fügen sich schön in das Strickbild ein, sollten aber in Abständen von mindestens zwei Reihen gearbeitet werden.

MASCHEN ABNEHMEN

Nach rechts geneigte Abnahmen

Diese Abnahmen erscheinen im Gestrick nach rechts geneigt. Sie werden daher am linken Rand gearbeitet.

Maschen rechts zusammenstricken

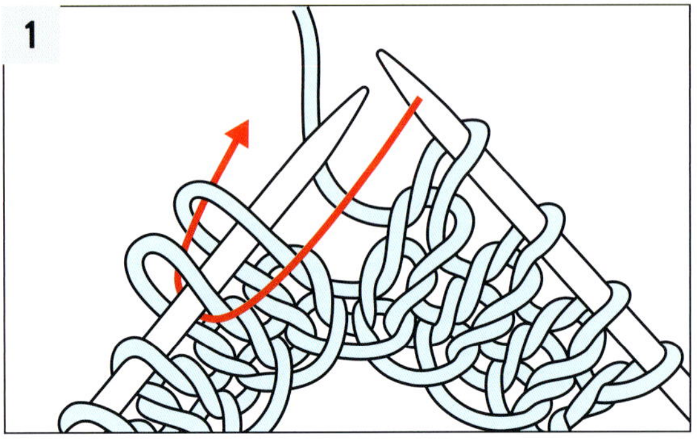

Führe die rechte Nadel von links nach rechts erst durch die übernächste, dann durch die nächste Masche auf der linken Nadel.

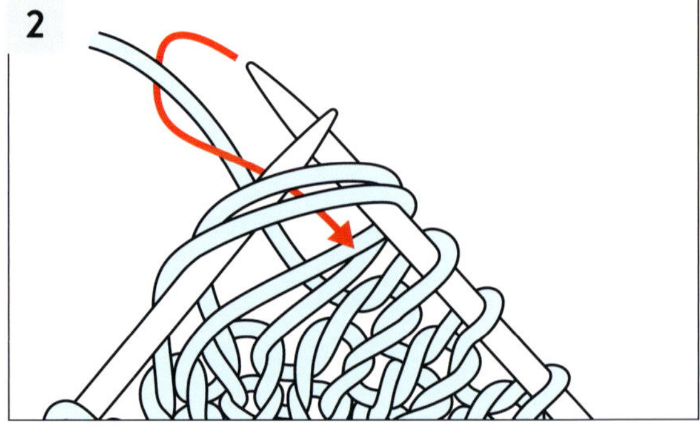

Hole den Arbeitsfaden wie zum Rechtsstricken durch.

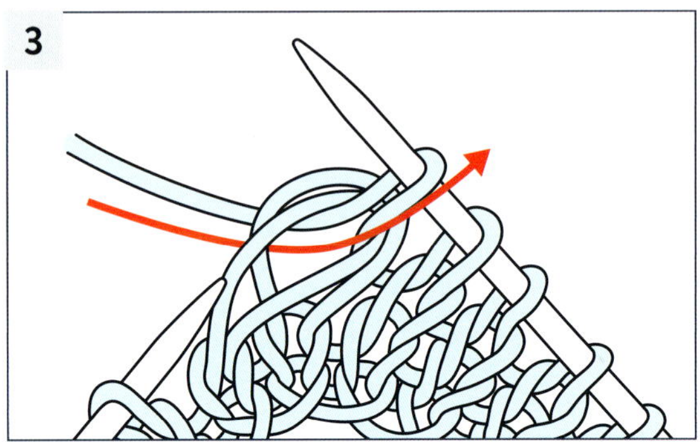

Lass beide Maschen von der linken Nadel gleiten. Auf diese Weise kannst natürlich auch drei oder mehr Maschen zusammenstricken.

Tipp

Als kleine Merkregel für Abnahmen am Rand gilt: Die Abnahme sollte immer parallel zum Rand verlaufen. Wenn du am linken Rand eine Abnahme strickst, wird sich der Rand nach rechts neigen. Du solltest also entsprechend eine nach rechts geneigte Abnahme stricken. Und umgekehrt.

Doppelte Abnahme nach links geneigt

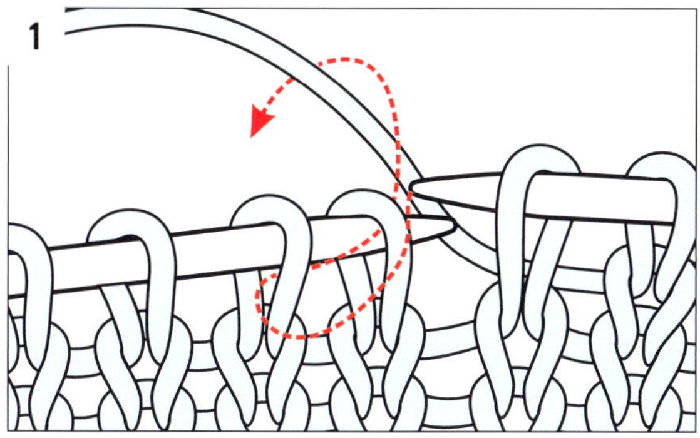

Die nächste Masche wie zum Rechtsstricken abheben. Dann die kommenden zwei Maschen zusammenstricken.

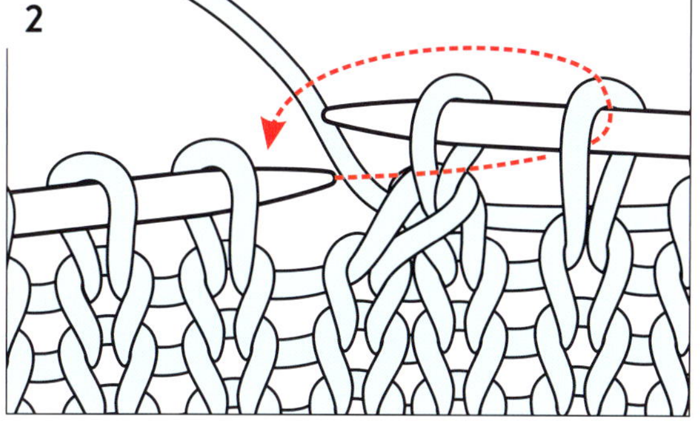

Anschließend die zuvor abgehobene Masche von rechts nach links überziehen.

Zwei oder mehr Maschen links zusammenstricken

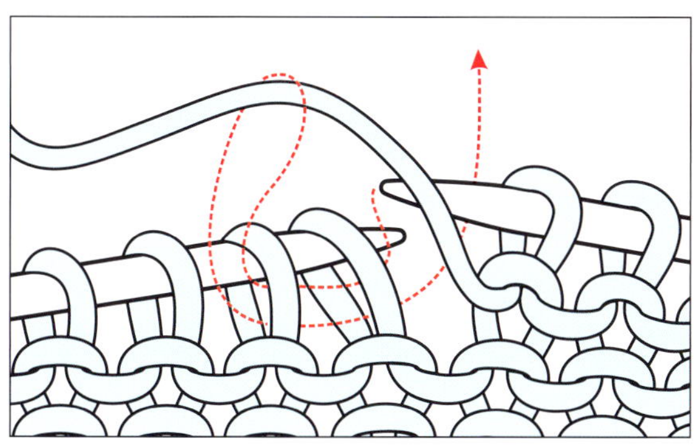

Mit der rechten Nadel von rechts nach links in die kommenden zwei Maschen einstechen und den Arbeitsfaden wie zum Linksstricken durch beide Maschen holen. Die Maschen von der linken Nadel gleiten lassen.

ELASTISCH ABKETTEN

Häufig ist in Strickanleitungen die Anweisung „locker abketten“ zu lesen. In diesem Fall kettest du die Maschen, wie oben beschrieben, durch Überziehen ab, achte dabei aber darauf, den Arbeitsfaden sehr locker zu halten. Grundsätzlich sieht ein locker abgeketteter Rand besser und gleichmäßiger aus als einer, der sich kräuselt, weil zu fest abgekettet wurde. Um dieses Problem zu vermeiden, kannst du beim Abketten eine größere Nadelstärke verwenden, wodurch die Maschen automatisch lockerer werden. Alternativ gibt es den folgenden Trick:

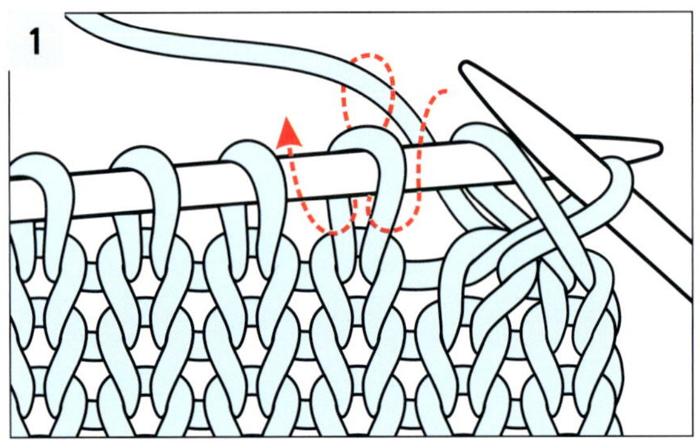

Folge den Anweisungen des normalen Abkettens durch Überziehen, aber lass die übergezogene Masche zunächst noch auf der linken Nadel liegen. Stricke daran vorbei die nächste Masche rechts.

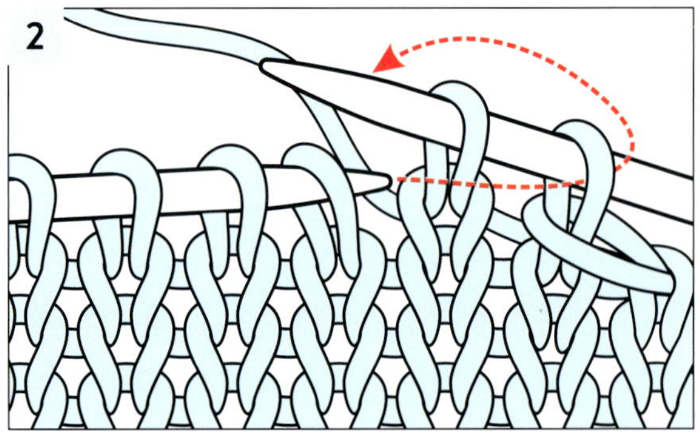

Lass die eben gestrickte Masche zusammen mit der noch auf der Nadel liegenden übergezogenen Masche von der Nadel gleiten.

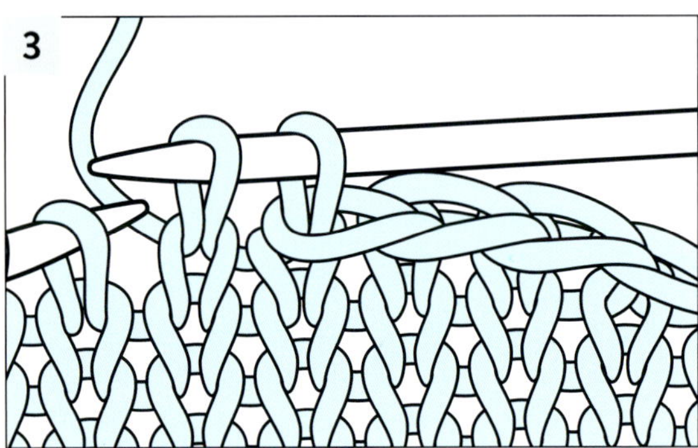

Wiederhole die Schritte aus 1 und 2 bis zum Ende. Dieser Trick hilft dir, lockerer abzuketten.

FÄDEN VERNÄHEN

Am Ende des Strickprojekts müssen alle Fäden vernäht werden, die durch Farb- oder Knäuelwechsel während der Arbeit hängen geblieben sind. Es erleichtert das saubere Vernähen, wenn diese Fäden nach dem Anschlagen, Abketten oder Garnwechsel nicht zu kurz abgeschnitten, sondern mindestens 10 cm lang gelassen werden.

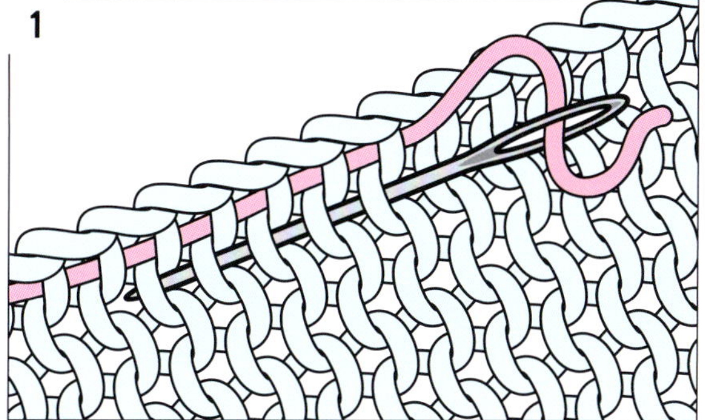

Vernähe die Fäden möglichst am Rand des Strickstücks.

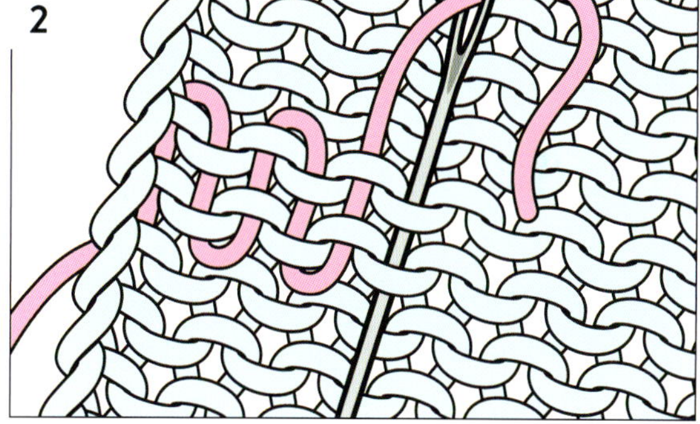

Solltest du dennoch einmal im Gestrick vernähen müssen, ziehe den Faden zunächst auf die Rückseite. Vernähe ihn dort in schlangenförmigem Verlauf.

Tipp

Bei dickeren Garnen kannst du die einzelnen Fäden auch aufdrehen und dann separat vernähen.

PROJEKTE ZUSAMMENNÄHEN

MASCHENSTICH – MASCHE AN MASCHE

Mithilfe des Maschenstichs (auch Strickstich) können zwei Kanten unsichtbar aneinandergenäht werden. Der Maschenstich bildet eine gestrickte Masche nach und kann sowohl an offenen als auch an geschlossenen Kanten ausgeführt werden. Teile, die im Maschenstich miteinander verbunden wurden, sehen aus, als wären sie in einem Stück gestrickt worden, also fast nahtlos.

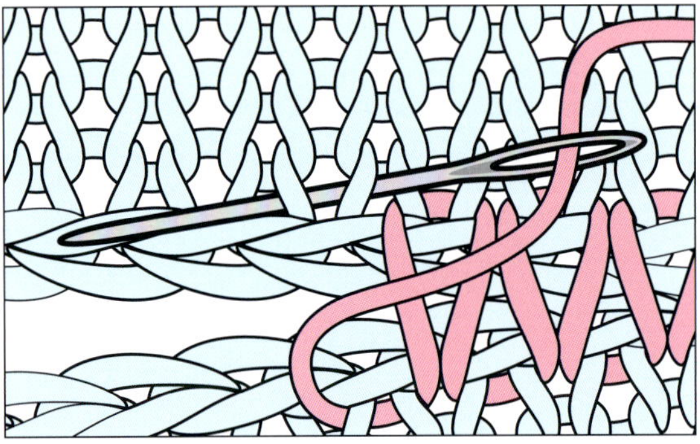

Maschenstich an geschlossenen Kanten:

Arbeite den Maschenstich von rechts nach links. Zu Beginn stichst du von hinten in die Mitte der unteren ersten Masche. Führe dann die Nadel unter den beiden Maschengliedern der darüberliegenden Masche des oberen Teils durch. Anschließend stichst du von oben in die Mitte der ersten unteren Masche und führst die Nadel vorn aus der Mitte der links danebenliegenden Masche wieder aus. Nun die zwei Maschenschenkel der darüberliegenden nächsten Masche ergreifen und in dieser Weise bis zum linken Rand weiterarbeiten.

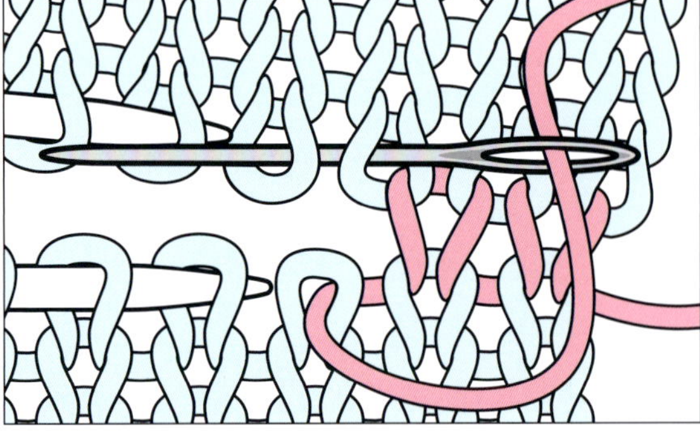

Maschenstich an offenen Kanten:

Führe die Nadel abwechselnd unten und oben durch je zwei nebeneinanderliegende Maschen, indem du jeweils von oben in die rechts liegende und von unten in die links danebenliegende Masche einstichst. Arbeite dich von rechts nach links vor.

MATRATZENSTICH – REIHE AN REIHE

Seitennähte kannst du mit dem Matratzenstich sauber zusammenfügen. Die Randmaschen verschwinden beim sanften Zusammenziehen der Fäden auf die Rückseite des Strickstücks. So entsteht eine beinahe unsichtbare Naht.

Matratzenstich glatt rechts

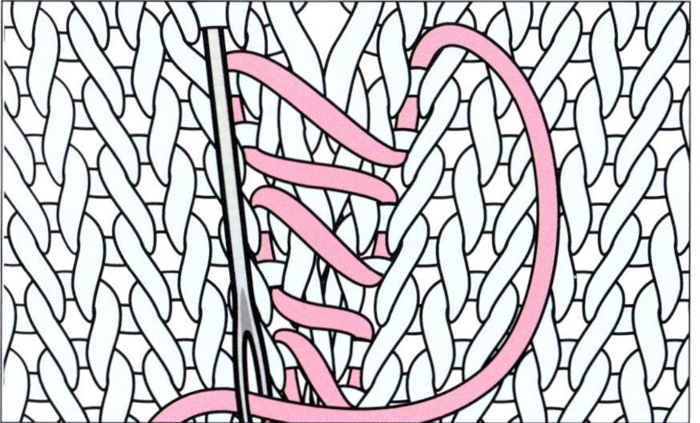

Lege die Kanten der zu verbindenden Teile mit der jeweils rechten Seite nach oben nebeneinander und fasse mit der Wollnadel die Querfäden zweier Maschen des linken Teils auf, die zwischen Randmaschen und der ersten rechten Masche liegen. Die Wollnadel wird sodann von unten nach oben in zwei Querfäden der Maschen auf der parallel gegenüberliegenden Seite geführt. Wiederhole diesen Vorgang bis zum Kantenende und ziehe den Faden dabei regelmäßig sanft fest.

Matratzenstich kraus rechts

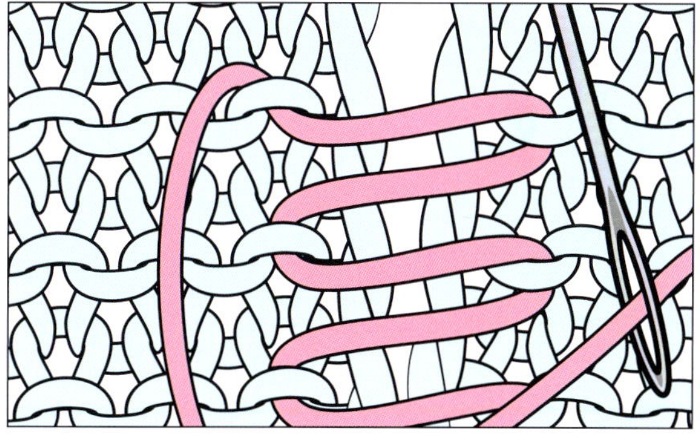

Bei kraus rechts Gestricktem führe die Nadel von unten nach oben abwechselnd rechts und links ein. Dabei werden an der linken Kante stets die nach oben gerichteten Maschenschlaufen ergriffen, an der rechten Kante hingegen die nach unten gerichteten Maschenschlaufen.

IN RUNDEN STRICKEN

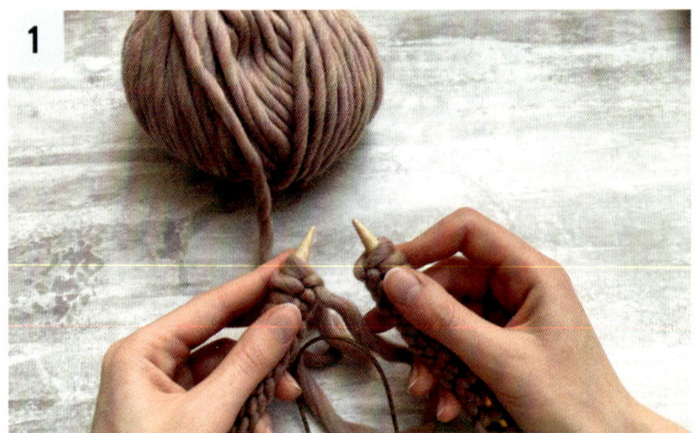

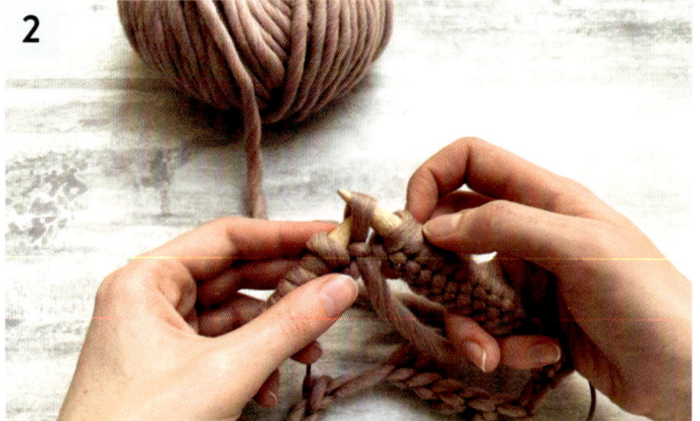

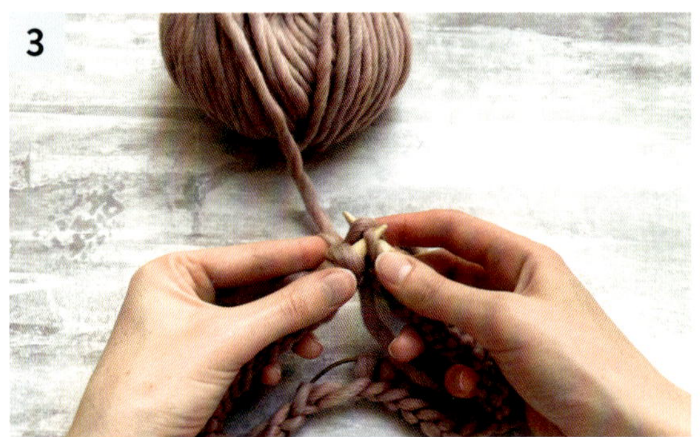

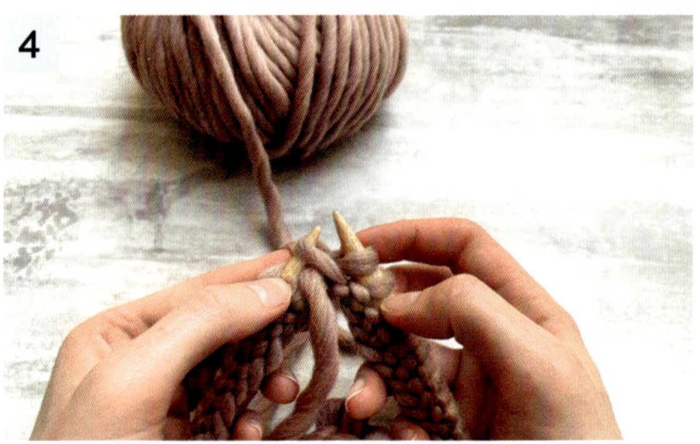

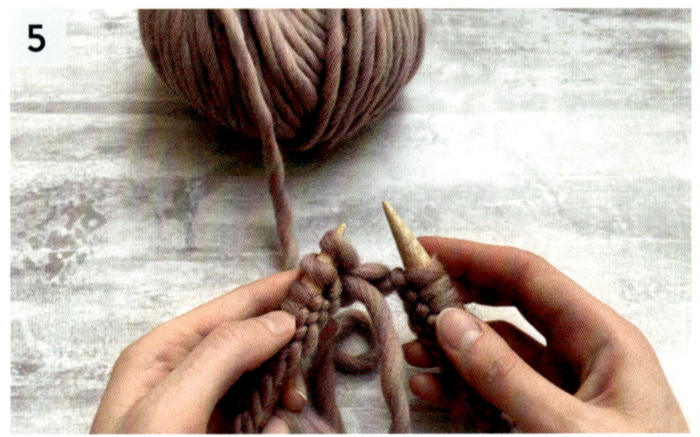

Schlage die gewünschte Maschenzahl auf einer Rundstricknadel an und führe die beiden Nadelspitzen zueinander. Der Arbeitsfaden ist bei der linken Nadelspitze – siehe Bild 1.

Hebe mit der rechten Nadel die 1. Masche der linken Nadel wie zum Linksstricken ab – siehe Bild 2.

Stich nun in die 2. Masche der rechten Nadel wie zum Rechtsstricken ein – siehe Bild 3...

... und hebe diese Masche über die 1. Masche auf der rechten Nadel – siehe Bild 4.

Den Faden fest ziehen, damit keine Lücke entsteht, und weiter im gewünschten Muster stricken – siehe Bild 5.

IN REIHEN STRICKEN

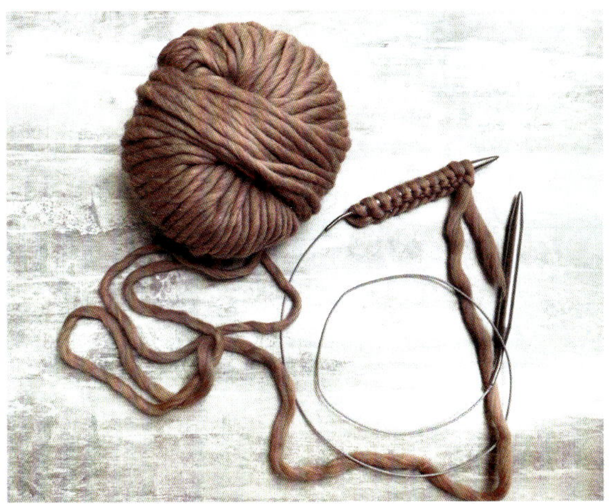

Glatt rechts in Reihen stricken

Zum Arbeiten von glatt rechts gestrickten Strickstücken werden die Maschen in den Hinreihen, also auf der Vorderseite, stets rechts gestrickt. In den Rückreihen, auf der Rückseite also, strickst du die Maschen hingegen links. Sie erscheinen dann nämlich auf der Vorderseite wieder als rechte Maschen. **Kraus rechts** bedeutet, dass sowohl die Hin- als auch die Rückreihen ausschließlich mit rechten Maschen gestrickt werden.

Tipp

Auch für das Stricken von Reihen verwendest du für größere Strickprojekte Rundnadeln. Die zum Teil sehr große Maschenzahl findet dann auf dem Nadelseil Platz. Die Arbeit wird einfach am Ende der Reihe gewendet.

FESTE MASCHE

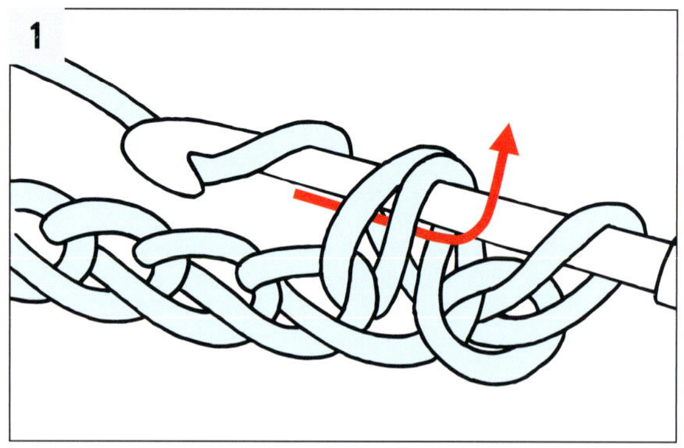

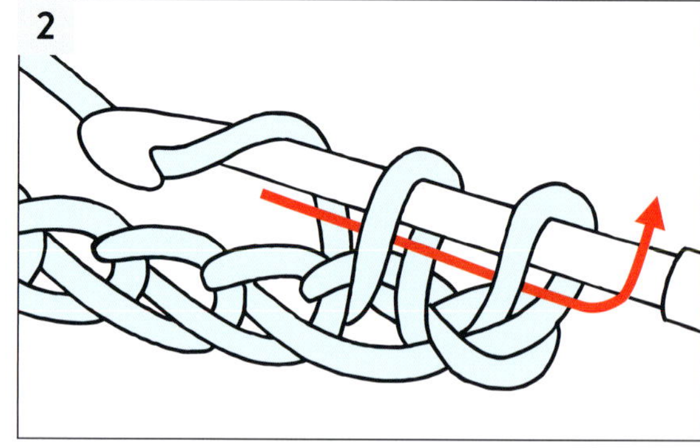

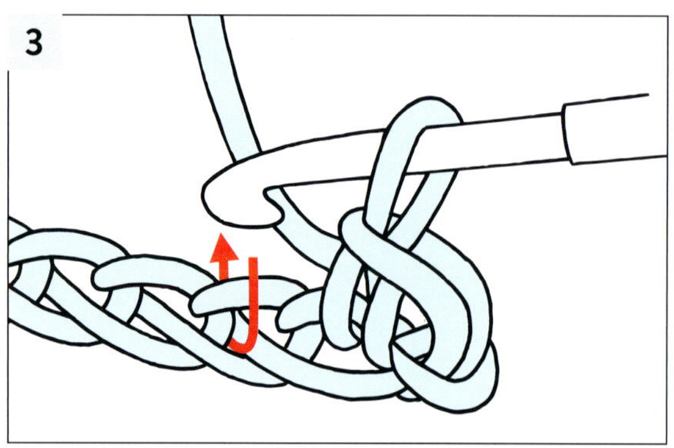

Stich mit der Nadel durch die Masche und hole den Faden. Es befinden sich nun zwei Schlingen auf der Nadel – siehe Bild 1. Hole den Arbeitsfaden erneut und ziehe ihn durch beide Schlingen auf der Nadel. Nun ist die erste feste Masche entstanden – siehe Bild 2. In die nächste Einstichstelle stechen und den Vorgang wiederholen – siehe Bild 3.

KREBSMASCHE

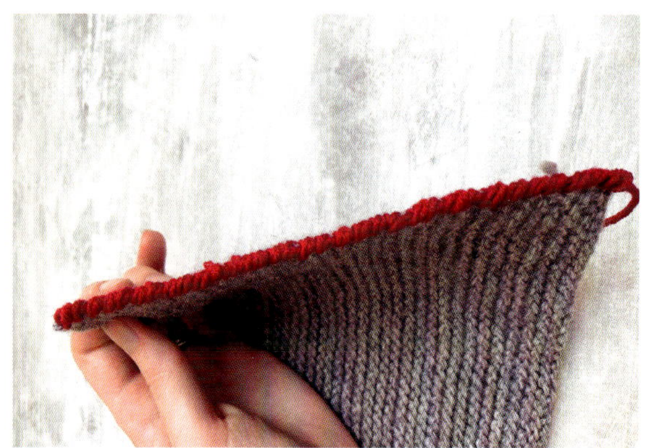

Krebsmaschen sind feste Maschen, die im Rückwärtsgang, also von links nach rechts, gehäkelt und sich praktisch entgegen der normalen Strick- oder Häkelrichtung um eine bestehende Kante wickeln.

KETTRANDMASCHEN

Beim Kettrand wird die erste Masche der Reihe immer links abgehoben (ohne sie zu stricken) und die letzte Masche der Reihe immer rechts abgestrickt (auch wenn die Reihe links gestrickt wurde). Die Randmasche zieht sich über zwei Reihen hinweg (1 Randmasche = 2 Reihen). Der Kettrand wird z. B. verwendet, wenn aus dem Rand neue Maschen aufgenommen werden müssen.

FRANSEN KNÜPFEN

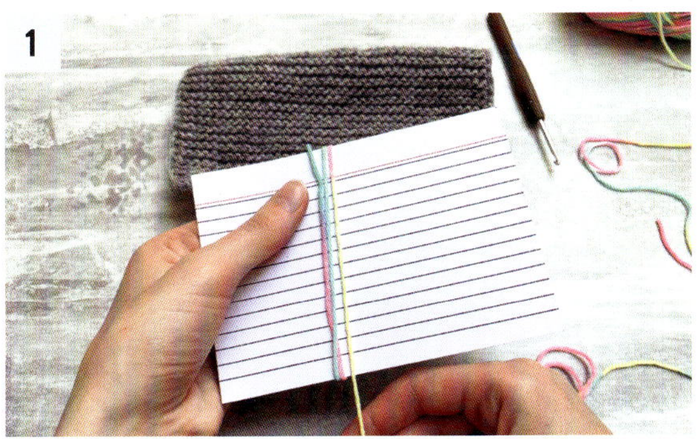
1

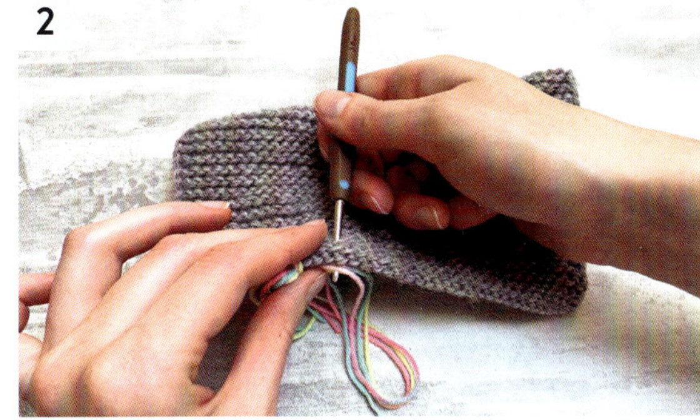
2

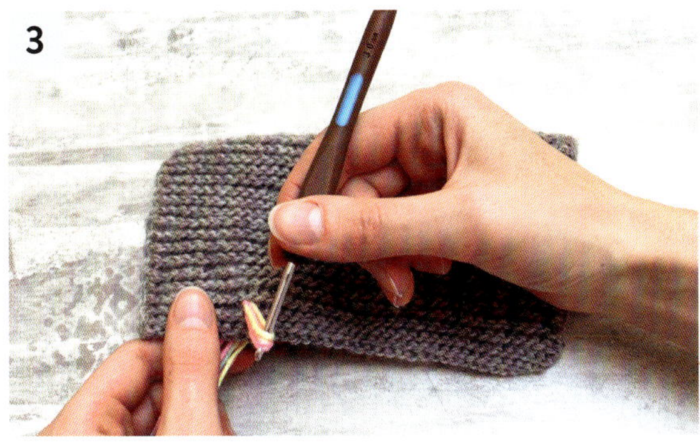
3

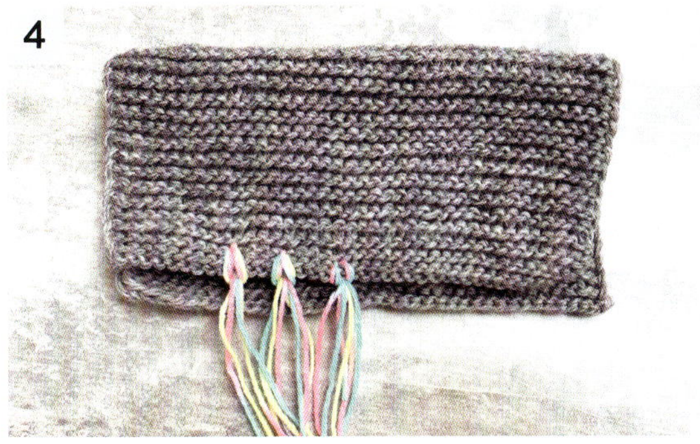
4

Ein Stück Pappe in die gewünschte Breite und Länge schneiden und das Garn vielfach herumwickeln. Dann mithilfe einer Häkelnadel das Garnbüschel in der Mitte erfassen und an der Kante des Strickstücks zwischen den Maschen durchziehen. Zum Schluss die Schlaufen unten aufschneiden.

POMPON

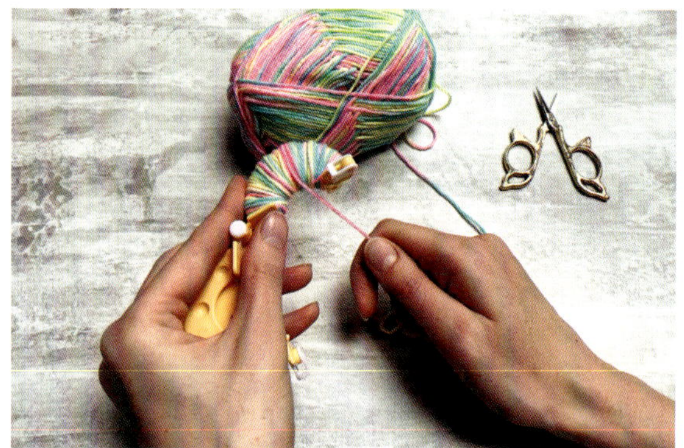

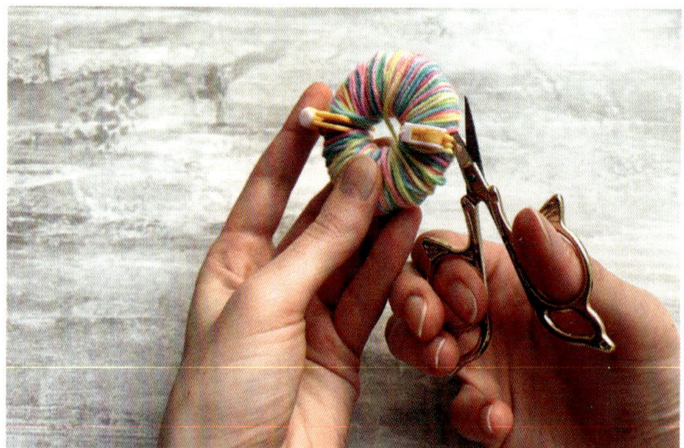

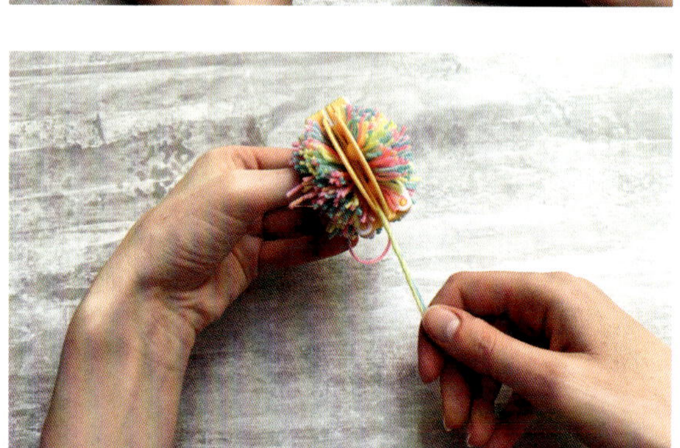

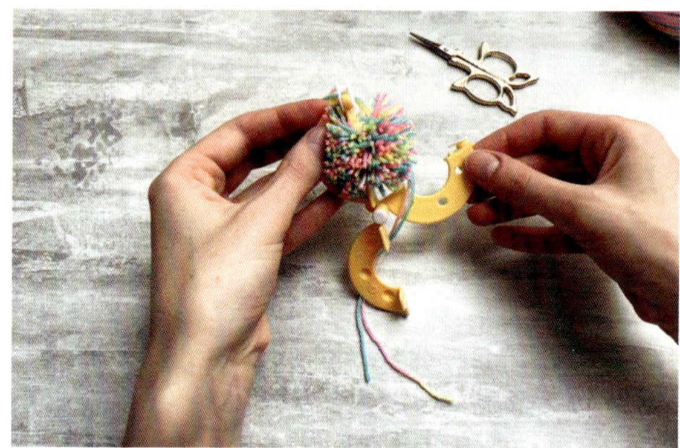

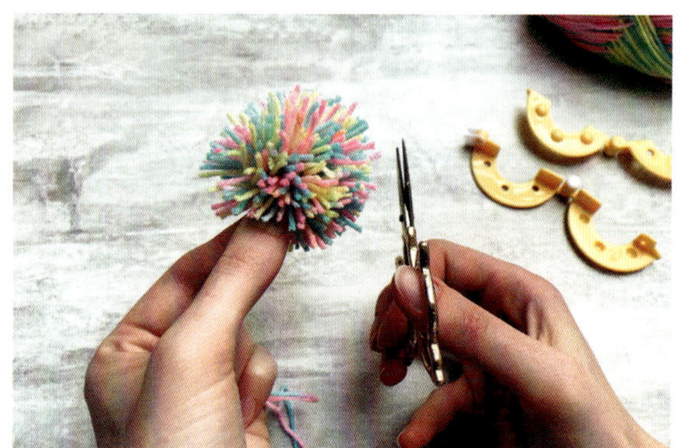

Mithilfe eines Pompon Makers kannst du sehr schnell einen Pompon basteln. Das Garn hierzu möglichst dicht und gleichmäßig um den Pompon Maker wickeln, bis das Loch in der Mitte fast gefüllt ist. Zwischen den beiden Seiten des Pompon Makers mit der Schere hineinstechen und dann die Fäden am Rand durchschneiden, bis du einmal komplett herumgekommen bist. Mit doppeltem Faden zwischen den beiden Hälften des Pompon Makers mehrfach eine Schlinge um das Garnbüschel knüpfen, um die offenen Fäden zu sichern. Mit einem festen Doppelknoten verschnürst du den Pompon. Am Ende den Pompon Maker entfernen, die Fäden auflockern und zum Schluss mit einer Schere die Form korrigieren.

STRICKMUSTER

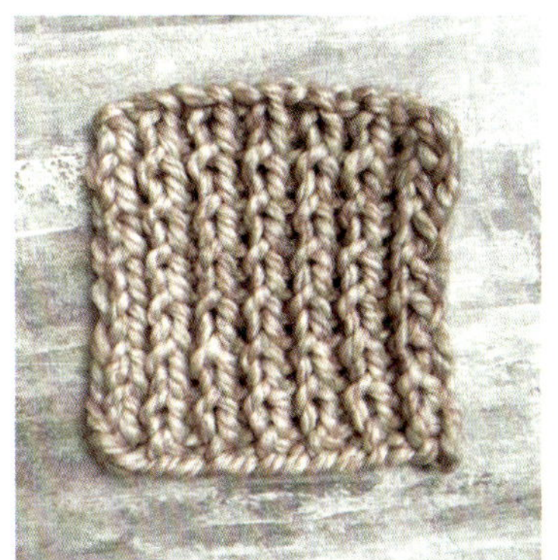

Rippenmuster 1/1

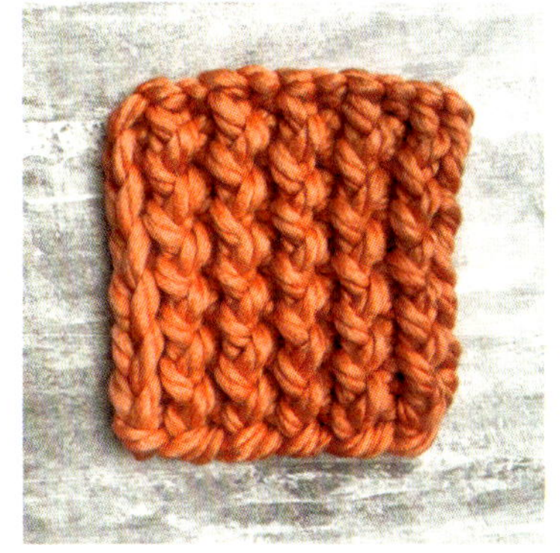

Rippenmuster 1/1 links verschränkt

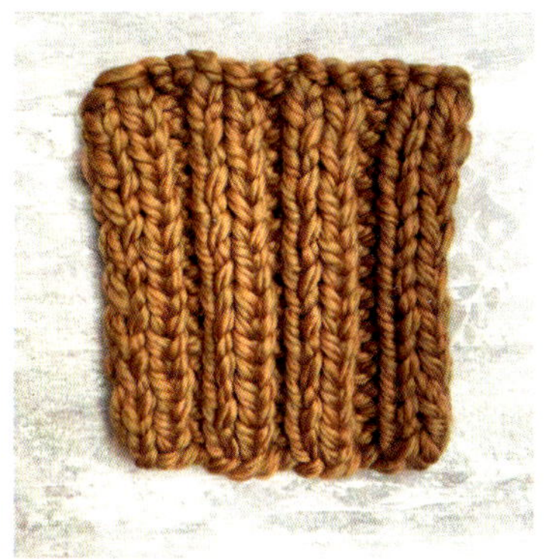

Rippenmuster 2/2

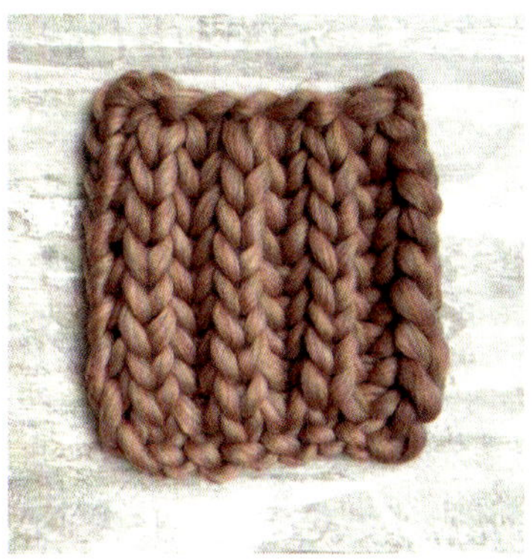

Patentmuster

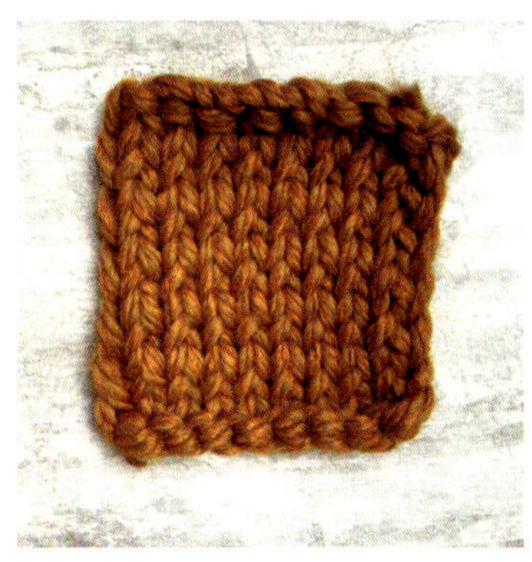

Glatt rechts

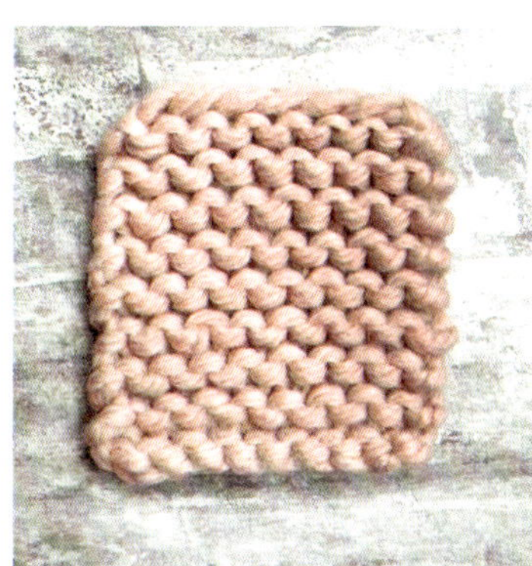

Kraus rechts

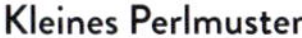

Kleines Perlmuster

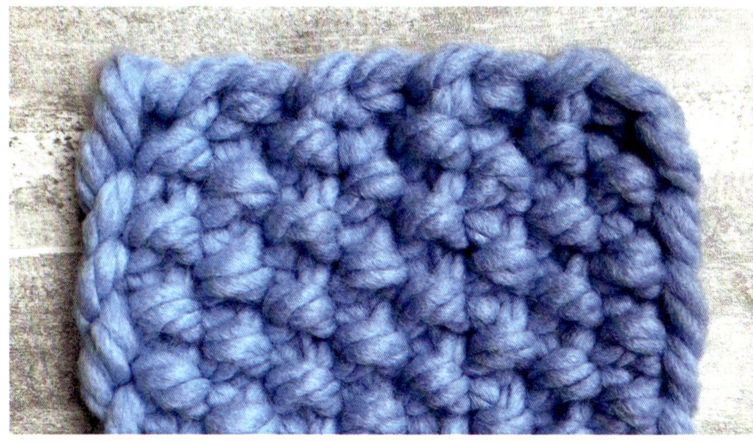

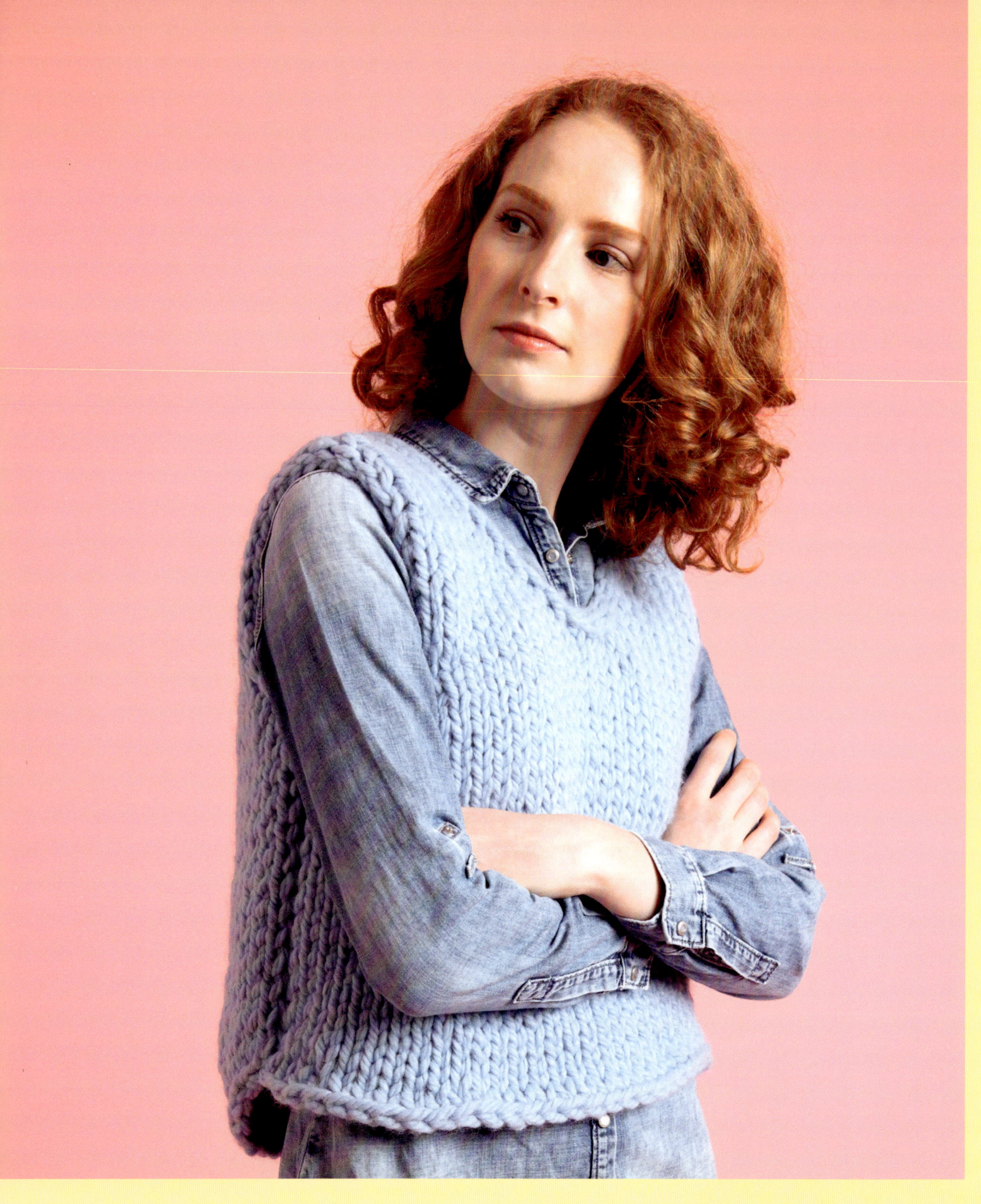

PROJEKTE

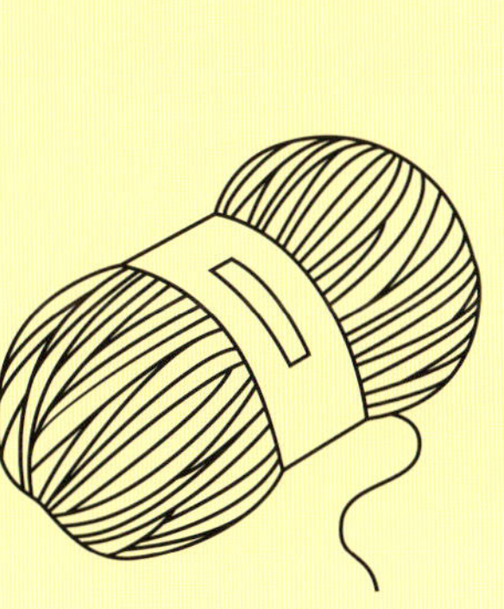

Pullover

Hilda

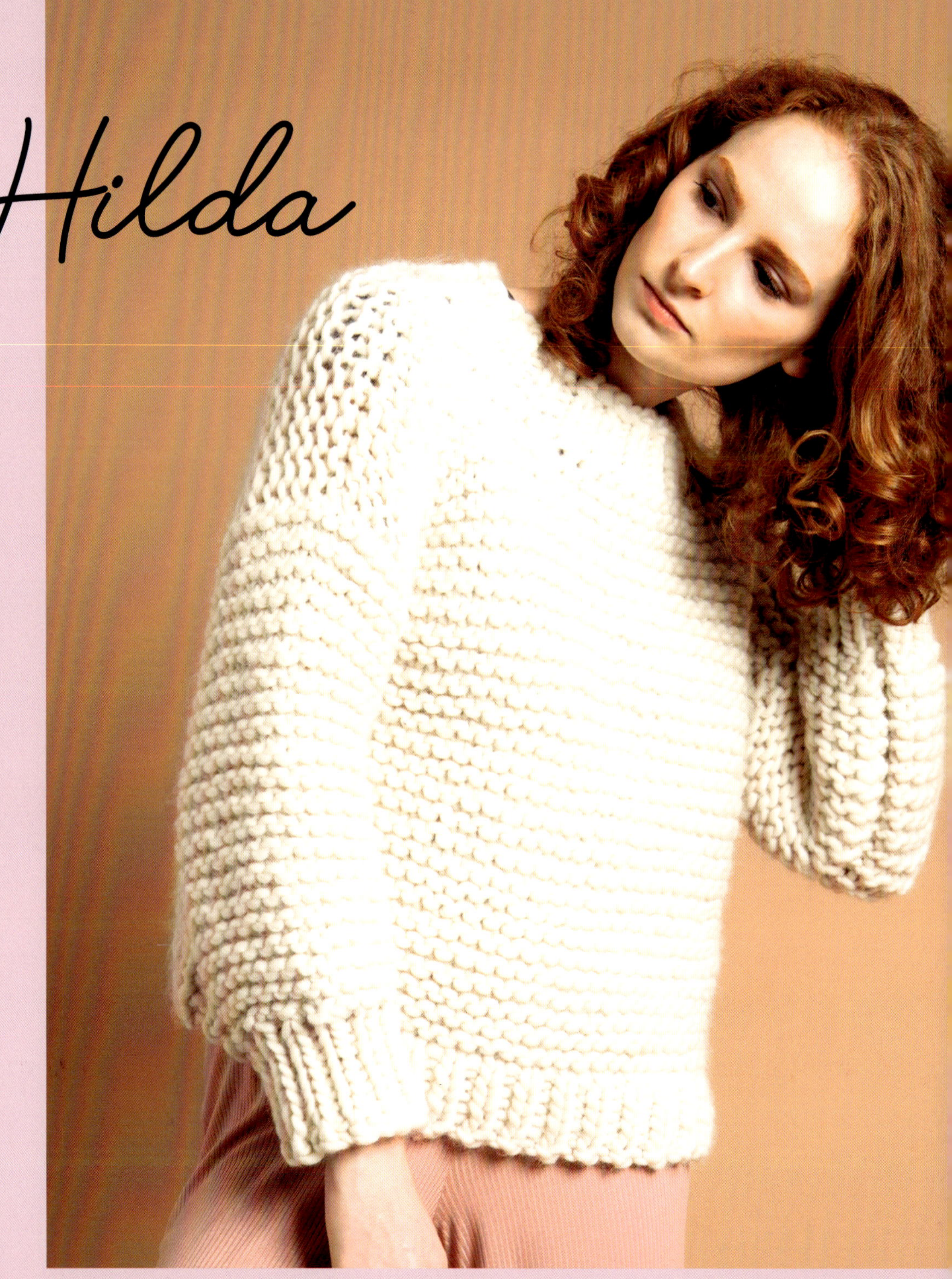

Der Winter kann kommen! Wer es warm und kuschelig mag, ist bei diesem Modell genau richtig. Das ist echte Wohlfühlmode in Oversize, die jedem passt. Der Pulli ist kurz geschnitten und unglaublich warm.

SCHWIERIGKEITSGRAD ✖✖✖ | GRÖSSE **S/M (L/XL)**

Hinweis: Die Angaben für die Größe S/M stehen vor der Klammer, für die Größen L/XL stehen die Angaben in der Klammer. Steht nur eine Angabe, gilt diese für alle Größen.

MASSE

Länge insgesamt: ca. 50 cm
Breite insgesamt: ca. 55 cm
Ärmellänge insgesamt: ca. 38 cm

Hinweis: Die Maßangaben gelten für die Größe S/M, die das Model auf dem Bild trägt.

MATERIAL

- We are knitters The Wool (100 % Wolle, LL 80 m/200 g) in Naturweiß (Fb 14113), 1200 (1400) g
- Rundstricknadel 10,0 mm, 80 cm und 60 cm lang
- Stumpfe Wollnadel
- Maschenmarkierer
- Hilfsnadel
- Maßband
- Schere

STRICKWEISE

Das kinderleichte Muster in kraus rechts sorgt für einen besonderen Flausch-Effekt, denn so wird das Strickstück extra dick und elastisch. Vorder- und Rückenteil werden exakt gleich gestrickt.

MASCHENPROBE

Mit Nd 10,0 mm kraus rechts
7 M und 15 R = 10 x 10 cm

Mit Nd 10,0 mm im Rippenmuster 1/1
7 M und 14 R = 10 x 10 cm

GRUNDMUSTER

Rippenmuster 1/1 in R: In Hin-R 1 M rechts, 1 M links im Wechsel str, in Rück-R die M str, wie sie erscheinen.
Kraus rechts: In Hin- und Rück-R rechte M str.

So geht's

Vorderteil

Mit Nd 10,0 mm 39 (55) M anschl und im Rippenmuster str.
1.–8. R: 1 RM links abh, * 1 M rechts, 1 M links *, ab * stets wdh, 1 RM rechts str.
9.–66. (78.) R: 1 RM links abh, kraus rechts str, 1 RM rechts str.
67. (79.) R: Ab dieser R wird der Halsausschnitt (linke Seite) mit verkürzten R wie folgt geformt:
1 RM links abh, 18 (26) M kraus rechts str und alle verbleibenden M auf eine Hilfs-Nd abh.
68. (80.) R: 1 RM links abh, 17 (25) M kraus rechts str, 1 RM rechts str.
69. (81.) R: 1 RM links abh, 15 (23) M kraus rechts str und die 3 verbleibenden M auf einen MM abh.
70. (82.) R: 1 RM links abh, 14 (22) M kraus rechts str, 1 RM rechts str.
71. (83.) R: 1 RM links abh, 13 (21) M kraus rechts str und die 2 verbleibenden M auf einen MM abh.
72. (84.) R: 1 RM links abh, 12 (20) M kraus rechts str, 1 RM rechts str.
Anschließend die Arbeit locker abk, wie die M erscheinen. Den Arbeitsfaden abschneiden und durch die letzte M ziehen.

Halsausschnitt (rechte Seite): Wie die linke Seite str, jedoch gegengleich.

Rückenteil

Wie das Vorderteil stricken.

Nun werden die Schulternähte zusammengenäht. Dazu werden die Strickstücke an den zu verbindenden Kanten mit der rechten Seite nach oben aneinandergelegt. Am rechten Schulterende beginnend, werden die RM im Matratzenstich verbunden.

Halsbündchen

Alle offenen 11 M des Rückenteils von der Hilfsnadel auf eine Rundstrick-Nd 10,0 mm versetzen und 11 M gleichmäßig verteilt aus Schulternaht und RM zun, um die Lücken zu schließen. Sodann die offenen 11 M des Vorderteils und 11 M gleichmäßig verteilt aus Schulternaht und RM zun (= 44 M). Zur Rd schließen und im Rippenmuster in Rd str.

1.–10. Rd: * 1 M rechts, 1 M links *, ab * stets wdh.
Alle M möglichst locker abk.

Ärmel

Mit einer kurzen Rundstrick-Nd 10,0 mm in Ärmelhöhe aus den RM des Vorder- und Rückenteils insgesamt 27 (37) M anschl (an der Schulternaht beginnen) und weiter in R str:
1.–40. R: 1 RM links abh, kraus rechts str, 1 RM rechts str.
41. R: Gleichmäßig verteilt 6 (8) M abn, dabei wie folgt arbeiten:
1 RM links abh, * 2 M rechts zusstr, 2 M kraus rechts str, 2 M rechts zusstr *, 1 RM rechts str (= 21 (29) M).
42.–51. R: 1 RM links abh, im Rippenmuster str * 1 M rechts, 1 M links *, ab * stets wdh, 1 RM rechts str.
Anschließend die Arbeit locker abk, wie die M erscheinen. Den Arbeitsfaden abschneiden und durch die letzte M ziehen. Am Ende den Ärmel zusammennähen.
Den zweiten Ärmel genauso stricken.

Fertigstellung

Seitennähte schließen und alle Fäden vernähen.

Tipp

Für einen echten Hingucker sorgst du, indem du alle Bündchen und das Halsbündchen in einer anderen Farbe strickst.

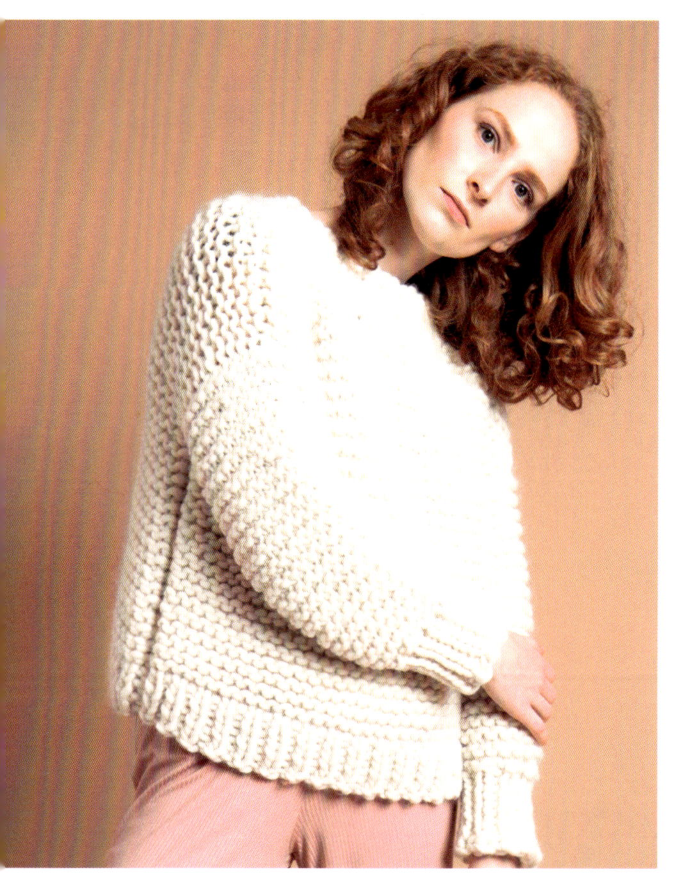

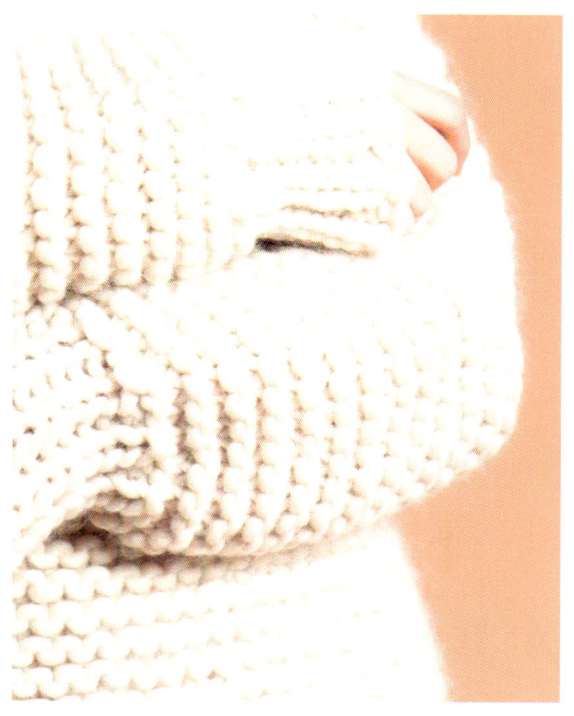

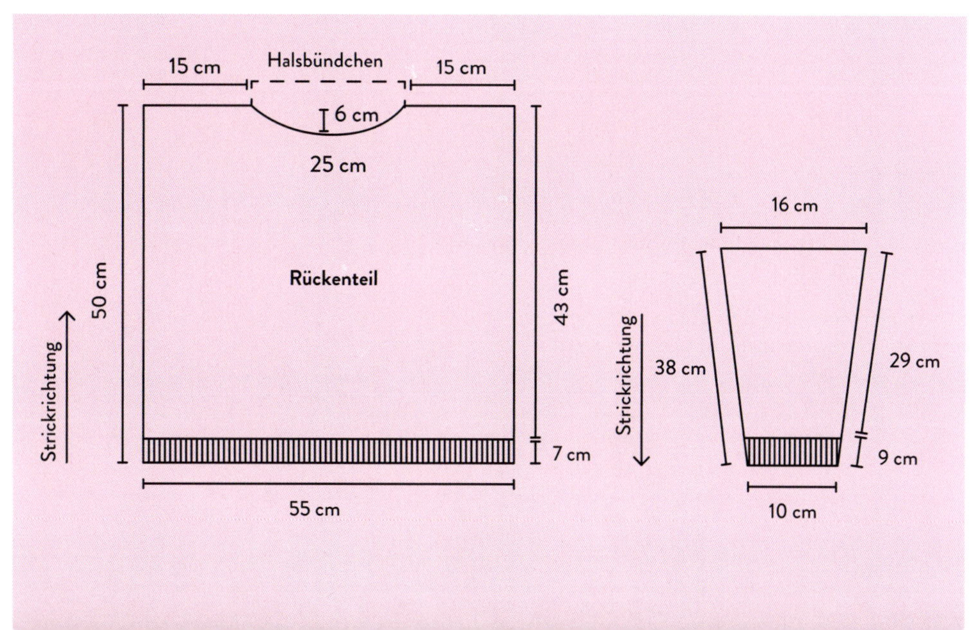
15 cm
Halsbündchen
15 cm
6 cm
25 cm
Rückenteil
50 cm
43 cm
Strickrichtung
7 cm
55 cm
16 cm
Strickrichtung
38 cm
29 cm
9 cm
10 cm

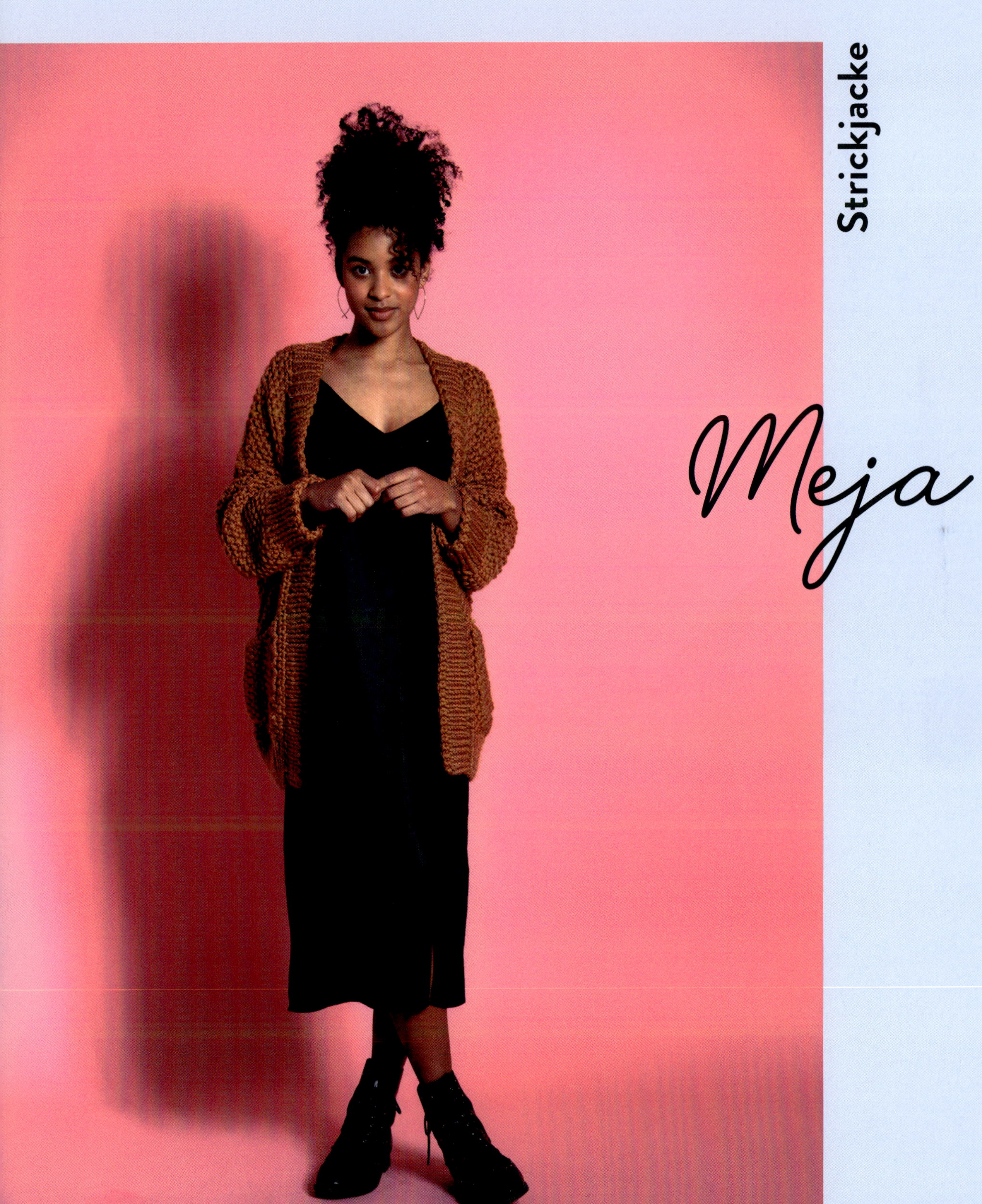

Strickjacke

Meja

Dieser bezaubernde Cardigan ist absolut im Trend – das Perlmuster fällt sofort ins Auge. Er ist bequem zu tragen, passt zu jedem Anlass und ist sehr gut kombinierbar zu verschiedenen Outfits.

SCHWIERIGKEITSGRAD ✖✖✖ | GRÖSSE **S/M (L/XL)**

Hinweis: Die Angaben für die Größe S/M stehen vor der Klammer, für die Größen L/XL stehen die Angaben in der Klammer. Steht nur eine Angabe, gilt diese für alle Größen.

MASSE

Länge insgesamt: ca. 63 cm
Breite Schultern: ca. 70 cm
Breite Brust: ca. 65 cm
Ärmellänge insgesamt: ca. 38 cm
von Achsel bis Bündchen (Rand): ca. 42 cm

Hinweis: Die Maßangaben gelten für die Größe S/M, die das Model auf dem Bild trägt.

MATERIAL

- Lang Yarns Wooladdicts Fire (98 % Schurwolle, 2 % Polyester, LL 75 m/100 g) in Camel (Fb 0039), 1100 (1200) g
- Rundstricknadeln 8,0 mm und 10,0 mm, 80 cm lang
- Stumpfe Wollnadel
- Maßband
- Schere

STRICKWEISE

Alle Rumpfteile des Cardigans werden in Reihen gestrickt und später zusammengenäht. Die Ärmel werden auf eine Rundstricknadel aufgenommen und können in 2 Varianten gestrickt werden. Auf die Vorderteile wird jeweils eine Tasche genäht.

MASCHENPROBE

Mit Nd 10,0 mm im kleinen Perlmuster
7 M und 10 R = 10 x 10 cm

GRUNDMUSTER

Rippenmuster 1/1 in R: In Hin-R 1 M rechts, 1 M links im Wechsel str, in Rück-R die M str, wie sie erscheinen.
Kleines Perlmuster:
Hin-R: 1 RM, * 1 M links, 1 M rechts *, ab * stets wdh, 1 RM.
Rück-R: 1 RM, * 1 M rechts, 1 M links *, ab * stets wdh, 1 RM.

So geht's

Rückenteil

Mit Nd 8,0 mm 53 (61) M anschl und im Rippenmuster str.
1.–12. R: 1 RM links abh, * 1 M rechts, 1 M links *, ab * stets wdh, 1 RM rechts str.
Zu Nd 10,0 mm wechseln und im Perlmuster arbeiten.
13. R: 1 RM links abh, * 1 M links, 1 M rechts *, ab * stets wdh, 1 RM rechts str.
14. R: 1 RM links abh, * 1 M rechts, 1 M links *, ab * stets wdh, 1 RM rechts str.
13.–76. (84.) R: 1 RM links abh, im Perlmuster str, 1 RM rechts str.
Anschließend die Arbeit locker abk, wie die M erscheinen. Den Arbeitsfaden abschneiden und durch die letzte M ziehen.

Linkes Vorderteil

Mit Nd 8,0 mm 21 (27) M anschl und im Rippenmuster str.
1.–12. R: 1 RM links abh, * 1 M rechts, 1 M links *, ab * stets wdh, 1 RM rechts str.
Zu Nd 10,0 mm wechseln und im Perlmuster arbeiten.
13. R: 1 RM links abh, * 1 M links, 1 M rechts *, ab * stets wdh, 1 RM rechts str.
14. R: 1 RM links abh, * 1 M rechts, 1 M links *, ab * stets wdh, 1 RM rechts str.
13.–76. (84.) R: 1 RM links abh, im Perlmuster str, 1 RM rechts str. Anschließend die Arbeit locker abk, wie die M erscheinen. Den Arbeitsfaden abschneiden und durch die letzte M ziehen.

Rechtes Vorderteil

Wie das linke Vorderteil stricken, jedoch gegengleich.

Im nächsten Schritt werden die Schulternähte (am rechten Schulterende beginnend) mit dem Matratzenstich zusammengenäht. Dafür werden die Strickteile mit der rechten Seite nach oben dicht nebeneinandergelegt.

Ärmel

Mit einer kurzen Rundstrick-Nd 10,0 mm aus den RM des Vorder- und Rückenteils an der Schulternaht beginnen und durch den Rand neue M auf die Nd aufnehmen:
Für Variante 1: 36 (48) M anschl
Für Variante 2: 35 (47) M anschl und dann wie folgt weiter str:

VARIANTE 1

Zur Rd schließen und in Rd str

1. Rd: * 1 M links, 1 M rechts *, ab * stets wdh.
2. Rd: * 1 M rechts, 1 M links *, ab * stets wdh.
Die 1.–2. Rd fortlaufend wdh, bis insgesamt 42 (44) Rd gestrickt sind.
43. Rd: Gleichmäßig verteilt 7 (11) M abn und wie folgt arbeiten:
S/M: * 2 M links zusstr, 1 M rechts, 1 M links, 1 M rechts, 2 M links zusstr * (= 28 M).
L/XL: * 2 M links zusstr, 1 M rechts, 1 M links, 1 M rechts, 2 M links zusstr, 1 M rechts, 1 M links, 2 M rechts zusstr * (= 36 M).
Zu Nd 8,0 mm wechseln.
44.–55. Rd: * 1 M rechts, 1 M links *, ab * stets wdh.
Anschließend die Arbeit locker abk, wie die M erscheinen. Den Arbeitsfaden abschneiden und durch die letzte M ziehen.

VARIANTE 2

Weiter in R str

1. R: 1 RM links abh, * 1 M links, 1 M rechts *, ab * stets wdh, 1 RM rechts str.
2. R: 1 RM links abh, * 1 M rechts, 1 M links *, ab * stets wdh, 1 RM rechts str.
Die 1.–2. R fortlaufend wdh, bis insgesamt 42 (44) R gestrickt sind.
43. R: Gleichmäßig verteilt 7 (11) M abn und wie folgt arbeiten:
S/M: 1 RM links abh, * 2 M links zusstr, 1 M rechts, 1 M links, 1 M rechts, 2 M links zusstr *, 1 RM rechts str (= 28 M).
L/XL: 1 RM links abh, * 2 M links zusstr, 1 M rechts, 1 M links, 2 M rechts zusstr, 1 M links, 1 M rechts, 2 M links

zusstr *, 1 RM rechts str (= 36 M).
Zu Nd 8,0 mm wechseln.
44.–55. R: 1 RM links abh, * 1 M rechts, 1 M links *, ab * stets wdh, 1 RM rechts str.

Anschließend die Arbeit locker abk, wie die M erscheinen. Den Arbeitsfaden abschneiden und durch die letzte M ziehen. Den zweiten Ärmel genauso stricken. Die Ärmelnähte sowie die Seitennähte mit einer stumpfen Wollnadel im Matratzenstich schließen.

Blende

Mit Nd 8,0 mm von rechts aus dem Rand des rechten Vorderteils 88 (94) M, aus dem Rückenausschnitt 17 (21) M und aus dem Rand des linken Vorderteils 88 (94) M anschl, bis 193 (209) M auf der Nd sind, und im Rippenmuster wie folgt str:
1.–9. R: 1 RM links abh, * 1 M rechts, 1 M links *, ab * stets wdh, 1 RM rechts str.
Anschließend locker abk, wie die M erscheinen.

Taschen

Mit Nd 10,0 mm 15 (17) M anschl.
1. R: 1 RM links abh, * 1 M links, 1 M rechts *, ab * stets wdh, 1 RM rechts str.
2. R: 1 RM links abh, * 1 M rechts, 1 M links *, ab * stets wdh, 1 RM rechts str.
Die 1.–2. R fortlaufend wdh, bis insgesamt 22 (24) R gestrickt sind.
Anschließend die Arbeit locker abk, wie die M erscheinen. Den Arbeitsfaden abschneiden und durch die letzte M ziehen.

Fertigstellung

Alle Fäden vernähen. Die Taschen außen auf einer Höhe von ca. 10 (14) cm vom unteren Bündchen entfernt annähen. Vorsichtig von Hand waschen, in Form bringen und liegend trocknen lassen.

Tipp

Die Taschen können selbstverständlich auch in anderen Formen ausgeführt werden, z. B. quadratisch. Oder du bringst ein paar Knöpfe an. Knopflöcher lassen sich sehr einfach fertigen. Du strickst bis zu der Stelle, an der das Knopfloch eingefügt werden soll, dann so viele Maschen abketten, wie du für das Knopfloch benötigst. Anschließend nimmst du so viele Maschen auf der Nadel neu auf, wie du zuvor abgekettet hast und strickst im Muster weiter.

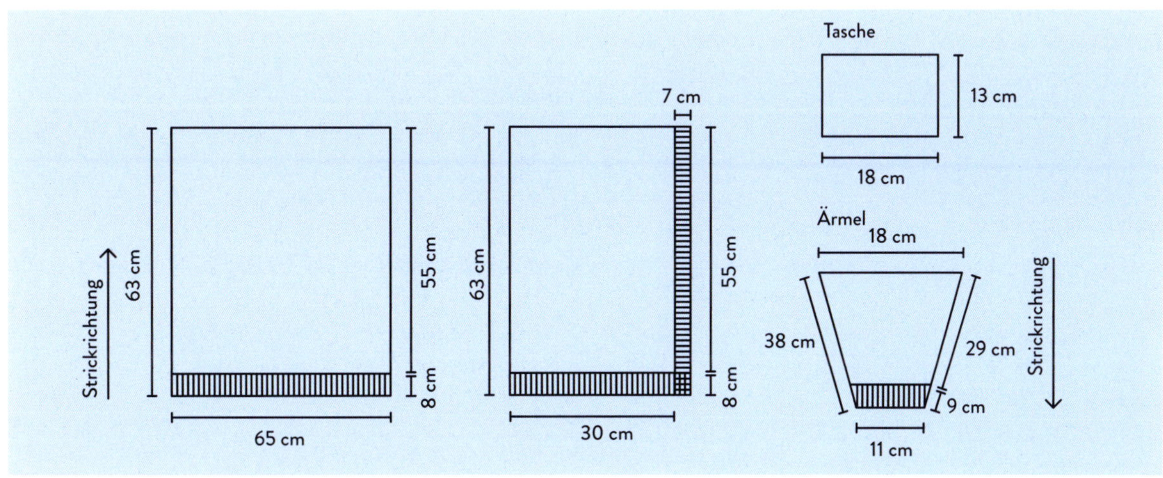

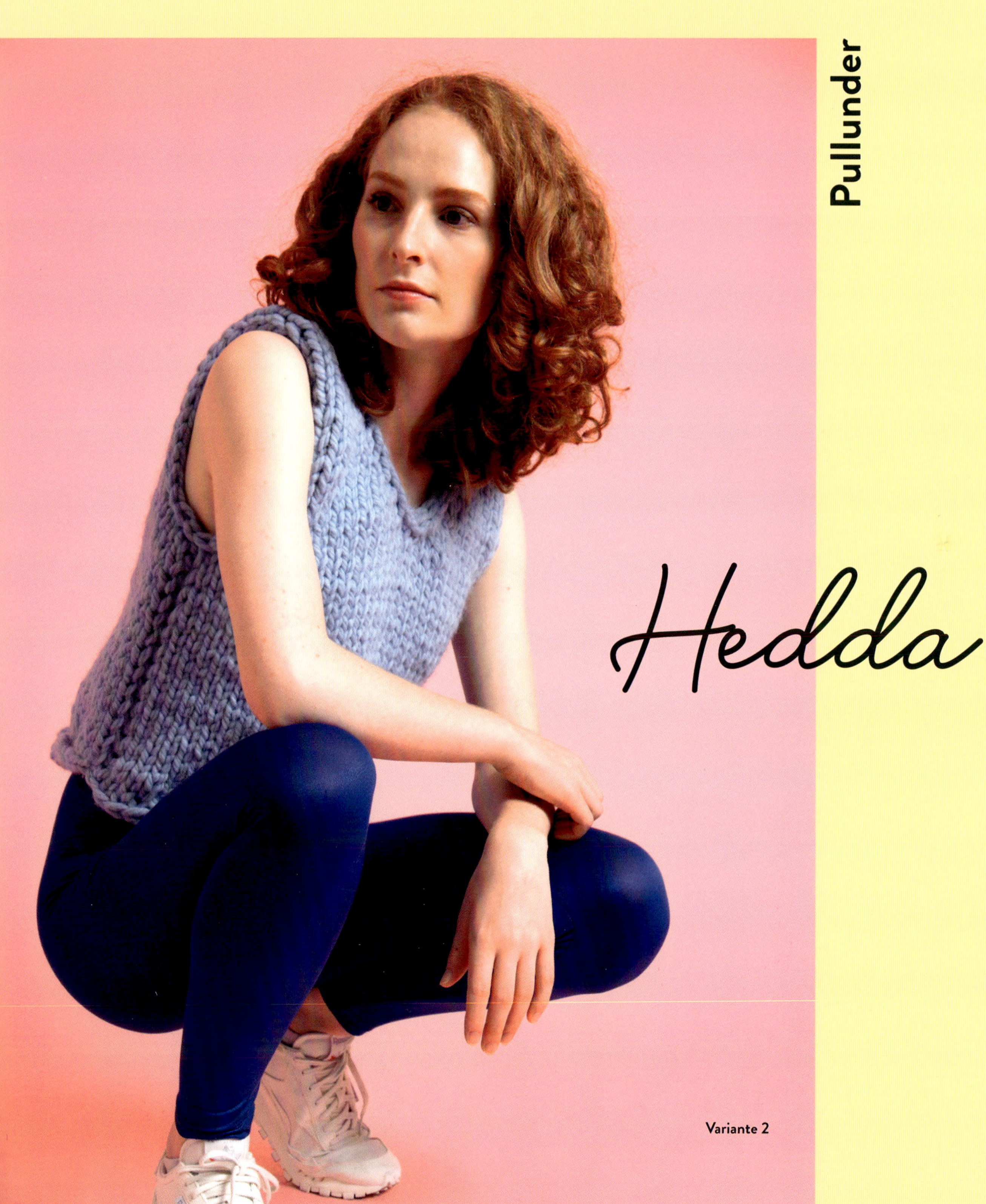

Hedda

Variante 2

Ein Pullunder ist das perfekte It-Piece für die Übergangszeit. So kannst du aus einem schlichten Outfit einen echten Hingucker zaubern und überzeugst durch einen raffinierten Schnitt.

SCHWIERIGKEITSGRAD ✖✖✖ | GRÖSSE **S/M (L/XL)**

Hinweis: Die Angaben für die Größe S/M stehen vor der Klammer, für die Größen L/XL stehen die Angaben in der Klammer. Steht nur eine Angabe, gilt diese für alle Größen.

MASSE

Variante 1

Länge Vorderteil: ca. 42 cm
Länge Rückenteil: ca. 54 cm
Breite insgesamt: ca. 48 cm

Variante 2

Länge Vorderteil: ca. 47 cm
Länge Rückenteil: ca. 56 cm
Breite insgesamt: ca. 50 cm

Hinweis: Die Maßangaben gelten für die Größe S/M, die das Model auf dem Bild trägt.

MATERIAL

- Variante 1: We are knitters The Wool (100 % Wolle, LL 80 m/200 g) in Malve Marmoriert (Fb 1927), 600 (800) g
- Variante 2: Katia Tout de Suite (80 % Polyacryl, 20 % Wolle, LL 60 m/200 g) in Sky Blue (Fb 120), 600 (800) g
- Rundstricknadel 10,0 mm, 80 cm lang
- Häkelnadel 8,0 mm
- Stumpfe Wollnadel
- Maßband
- Schere

STRICKWEISE

Der Pullunder wird in einem Stück gestrickt, das am Schluss seitlich zusammengenäht wird. Gestrickt wird von unten über den Rücken, am Nackenausschnitt wird die Arbeit zunächst geteilt und die Schultern einzeln gestrickt, sodass keine Schulternähte entstehen. Der Abschluss vorne und hinten wird abgerundet und nicht gerade gestrickt.

MASCHENPROBE

Variante 1

Mit Nd 10,0 mm glatt rechts
9 M und 8 R = 10 x 10 cm

Variante 2

Mit Nd 10,0 mm glatt rechts
7 M und 10 R = 10 x 10 cm

GRUNDMUSTER

Glatt rechts in R: In Hin-R rechte M, in Rück-R linke M str.

So geht's

VARIANTE 1

Rückenteil

Mit Nd 10,0 mm 20 (35) M anschl.

1. R: 1 RM links abh, glatt rechts str, 1 RM rechts str.

2. R: 1 RM links abh, 1 M rechts str, dann 1 M aus dem QF verschränkt zun, weiter glatt rechts str, dann 1 M aus dem QF verschränkt zun, 1 M rechts str, 1 RM rechts str. Diese Zun am Anfang und am Ende der R noch 9x wdh (= 40 (55) M).

12.–34. (46.) R: 1 RM links abh, glatt rechts str, 1 RM rechts str.

35. (47.) R: 3 M abk, 34 (49) M glatt rechts str, dann 3 M abk (= 34 (49) M).

36. (48.) R: 1 RM links abh, glatt rechts str, 1 RM rechts str.

37. (49.) R: 1 RM links abh, 1 M str, 1 M abn, glatt rechts str, dann 1 M abn, 1 M str, 1 RM rechts str (= 32 (47) M).

38. (50.) R: 1 RM links abh, glatt rechts str, 1 RM rechts str.

39. (51.) R: 1 RM links abh, 1 M str, 1 M abn, glatt rechts str, dann 1 M abn, 1 M str, 1 RM rechts str (= 30 (45) M).

40. (52.) R: 1 RM links abh, glatt rechts str, 1 RM rechts str.

41. (53.) R: 1 RM links abh, 1 M str, 1 M abn, glatt rechts str, dann 1 M abn, 1 M str, 1 RM rechts str (= 28 (43) M).

42.–58. (54.–74.) R: 1 RM links abh, 26 (41) M glatt rechts str, 1 RM rechts str.

59. (75.) R: 1 RM links abh, 9 (13) M glatt rechts str und alle in dieser R gestrickten M auf einer Hilfs-Nd ablegen, die nächsten 8 (15) M locker abk, 9 (13) M glatt rechts str, 1 RM rechts str.

60. (76.) R: 1 RM links abh, glatt rechts str, 1 RM rechts str.

61. (77.) R: 1 RM links abh, 1 M abn, glatt rechts str, 1 RM rechts str.

62. (78.) R: 1 RM links abh, glatt rechts str, 1 RM rechts str.

63. (79.) R: 1 RM links abh, 1 M abn, glatt rechts str, 1 RM rechts str (= 8 (12) M).

64. (80.) R: 1 RM links abh, glatt rechts str, 1 RM rechts str.

65. (81.) R: 1 RM links abh, dann 1 M aus dem QF verschränkt zun, glatt rechts str, 1 RM rechts str.

66. (82.) R: 1 RM links abh, glatt rechts str, 1 RM rechts str.

67. (83.) R: 1 RM links abh, dann 1 M aus dem QF verschränkt zun, glatt rechts str, 1 RM rechts str.

68. (84.) R: 1 RM links abh, glatt rechts str, 1 RM rechts str.

69. (85.) R: 1 RM links abh, dann 1 M aus dem QF verschränkt zun, glatt rechts str, 1 RM rechts str.

70. (86.) R: 1 RM links abh, glatt rechts str, 1 RM rechts str.

71. (87.) R: 1 RM links abh, dann 1 M aus dem QF verschränkt zun, glatt rechts str, 1 RM rechts str.

72. (88.) R: 1 RM links abh, glatt rechts str, 1 RM rechts str.

73. (89.) R: 1 RM links abh, dann 1 M aus dem QF verschränkt zun, glatt rechts str, 1 RM rechts str (= 13 (17) M). Alle M auf einer Hilfs-Nd ablegen.

Die 60.–73. (76.–89.) R mit den stillgelegten M für die zweite Schulter wdh, jedoch gegengleich.

Vorderteil

Alle M von der Hilfs-Nd auf eine Nd holen und weiter wie folgt stricken:

74.–80. (90.–102.) R: 1 RM links abh, glatt rechts str, 1 RM rechts str.

81. (103.) R: 1 RM links abh, 1 M str, dann 1 M aus dem QF verschränkt zun, glatt rechts str, dann 1 M aus dem QF verschränkt zun, 1 M str, 1 RM rechts str.

82. (104.) R: 1 RM links abh, glatt rechts str, 1 RM rechts str.

83. (105.) R: 1 RM links abh, 1 M str, dann 1 M aus dem QF verschränkt zun, glatt rechts str, dann 1 M aus dem QF verschränkt zun, 1 M str, 1 RM rechts str.

84. (106.) R: 1 RM links abh, glatt rechts str, 1 RM rechts str.

85. (107.) R: 1 RM links abh, 1 M str, dann 1 M aus dem QF verschränkt zun, glatt rechts str, dann 1 M aus dem QF verschränkt zun, 1 M str, 1 RM rechts str.

86. (108.) R: 1 RM links abh, glatt rechts str, 1 RM rechts str.

87. (109.) R: vor der RM 3 M zun, glatt rechts str, nach der RM wieder 3 M zun (= 38 (46) M).

88.–108. (110.–136.) R: 1 RM links abh, glatt rechts str, 1 RM rechts str.

109. (137.) R: 1 RM links abh, 9 (14) M glatt rechts str und auf eine Hilfs-Nd ablegen, die nächsten 18 (16) M locker abk, 9 (14) M glatt rechts str, 1 RM rechts str.
110. (138.) R: 1 RM links abh, 4 (7) M glatt rechts str und die nächsten 5 (7) M locker abk.
111. (139.) R: Alle verbliebenen M locker abk.
Die restlichen M von der Hilfs-Nd holen und die 109.–111. (137.–139.) R wdh.

Nun werden die Seitennähte mit dem Maschenstich zusammengenäht (der Armausschnitt beginnt dort, wo die 3 Abn / Zun erfolgten).

VARIANTE 2

Rückenteil

Mit Nd 10,0 mm 16 (32) M anschl.
1. R: 1 RM links abh, glatt rechts str, 1 RM rechts str.
2. R: 1 RM links abh, 1 M rechts str, dann 1 M aus dem QF verschränkt zun, weiter glatt rechts str, dann 1 M aus dem QF verschränkt zun, 1 M rechts str, 1 RM rechts str.
Diese Zun am Anfang und am Ende der R noch 9x wdh (= 36 (52) M).
12.–36. (44.) R: 1 RM links abh, glatt rechts str, 1 RM rechts str.
37. (45.) R: 3 M abk, 30 (46) M glatt rechts str, dann 3 M abk (= 30 (46) M).
38. (46.) R: 1 RM links abh, glatt rechts str, 1 RM rechts str.
39. (47.) R: 1 RM links abh, 1 M str, 1 M abn, glatt rechts str, dann 1 M abn, 1 M str, 1 RM rechts str (= 28 (44) M).
40. (48.) R: 1 RM links abh, glatt rechts str, 1 RM rechts str.
41. (49.) R: 1 RM links abh, 1 M str, 1 M abn, glatt rechts str, dann 1 M abn, 1 M str, 1 RM rechts str (= 26 (42) M).
42. (50.) R: 1 RM links abh, glatt rechts str, 1 RM rechts str.
43. (51.) R: 1 RM links abh, 1 M str, 1 M abn, glatt rechts str, dann 1 M abn, 1 M str, 1 RM rechts str (= 24 (40) M).
44.–56. (52.–72.) R: 1 RM links abh, 22 (38) glatt rechts str, 1 RM rechts str.
57. (73.) R: 1 RM links abh, 7 (12) M glatt rechts str und alle in dieser R gestrickten M auf einer Hilfs-Nd ablegen, die nächsten 8 (14) M locker abk, 7 (12) M glatt rechts str, 1 RM rechts str.
58. (74.) R: 1 RM links abh, glatt rechts str, 1 RM rechts str.
59. (75.) R: 1 RM links abh, 1 M abn, glatt rechts str, 1 RM rechts str (= 7 (12) M).
60.–68. (76.–88.) R: 1 RM links abh, glatt rechts str, 1 RM rechts str.
69. (89.) R: 1 RM links abh, dann 1 M aus dem QF verschränkt zun, glatt rechts str, 1 RM rechts str.
70. (90.) R: 1 RM links abh, glatt rechts str, 1 RM rechts str.
69.–70. (89.–90.) R: Diesen Mustersatz noch 5x wdh (= 13 (18) M).
Alle M auf einer Hilfs-Nd ablegen.

Die 69.–80. (89.–100.) R mit den stillgelegten M für die zweite Schulter wdh, jedoch gegengleich.

Vorderteil

Alle M von der Hilfs-Nd auf eine Nd holen und weiter wie folgt stricken:
81. (101.) R: 1 RM links abh, 1 M str, dann 1 M aus dem QF verschränkt zun, glatt rechts str, dann 1 M aus dem QF verschränkt zun, 1 M str, 1 RM rechts str.
82. (102.) R: 1 RM links abh, glatt rechts str, 1 RM rechts str.
83. (103.) R: 1 RM links abh, 1 M str, dann 1 M aus dem QF verschränkt zun, glatt rechts str, dann 1 M aus dem QF verschränkt zun, 1 M str, 1 RM rechts str.
84. (104.) R: 1 RM links abh, glatt rechts str, 1 RM rechts str.
85. (105.) R: 1 RM links abh, 1 M str, dann 1 M aus dem QF verschränkt zun, glatt rechts str, dann 1 M aus dem QF verschränkt zun, 1 M str, 1 RM rechts str.
86. (106.) R: 1 RM links abh, glatt rechts str, 1 RM rechts str.
87. (107.) R: vor der RM 3 M zun, glatt rechts str, nach der RM wieder 3 M zun (= 38 (48) M).
88.–108. (108.–136.) R: 1 RM links abh, glatt rechts str, 1 RM rechts str.

109. (137.) R: 1 RM links abh, 11 (15) M glatt rechts str und auf eine Hilfs-Nd ablegen, die nächsten 14 (16) M locker abk, 11 (15) M glatt rechts str, 1 RM rechts str.
110. (138.) R: 1 RM links abh, 5 (7) M glatt rechts str und die nächsten 6 (8) M locker abk.
111. (139.) R: Alle verbliebenen M locker abk.
Die restlichen M von der Hilfs-Nd holen und die 109.–111. (137.–139.) R wdh.

Nun werden die Seitennähte mit dem Maschenstich zusammengenäht (der Armausschnitt beginnt dort, wo die 3 Abn / Zun erfolgten).

Fertigstellung

Alle Fäden vernähen. Die Kanten können mit einer Häkel-Nd 8,0 mm mit festen Maschen umhäkelt werden. Vorsichtig von Hand waschen, in Form ziehen und liegend trocknen lassen.

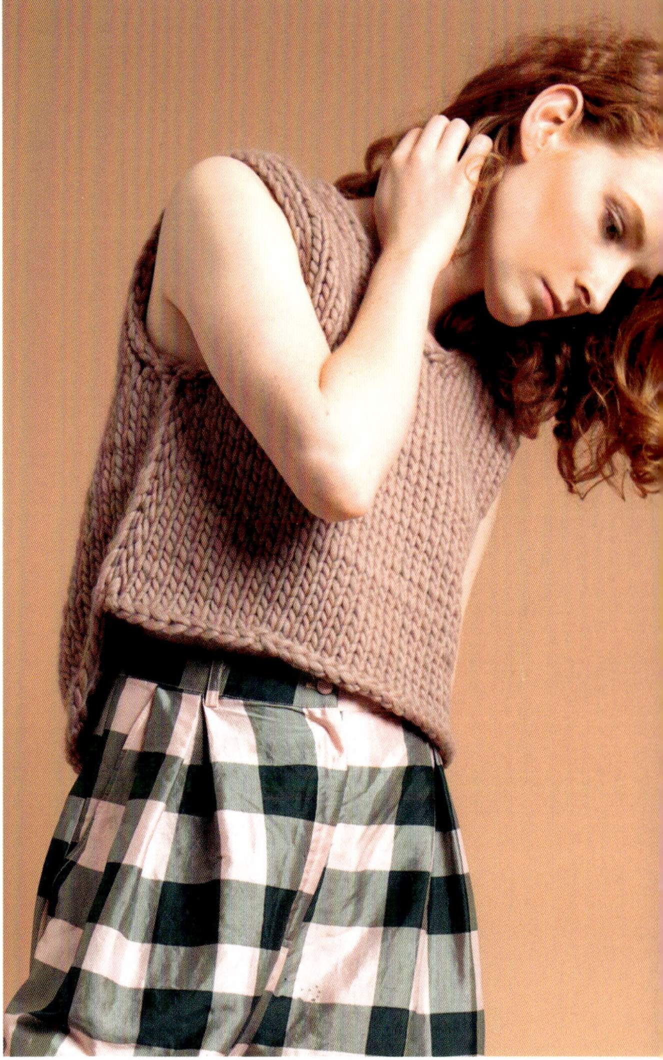

Variante 1

Tipp

Wenn du diesen schönen Pullunder fest stricken möchtest, sollst du die Nadelstärke 10,0 mm verwenden (Variante 2) oder für eine etwas lockerere Version die Nadelstärke 12,0 mm.

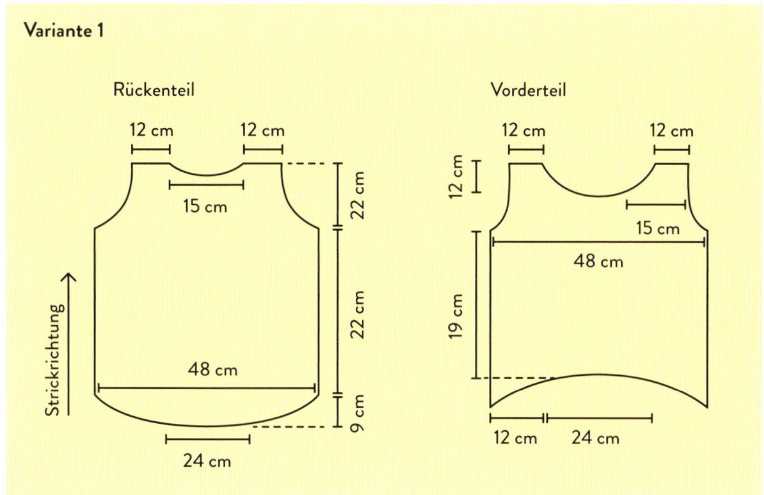
Variante 1
Rückenteil
12 cm
12 cm
15 cm
22 cm
22 cm
48 cm
9 cm
24 cm
Strickrichtung
Vorderteil
12 cm
12 cm
12 cm
15 cm
48 cm
19 cm
12 cm
24 cm

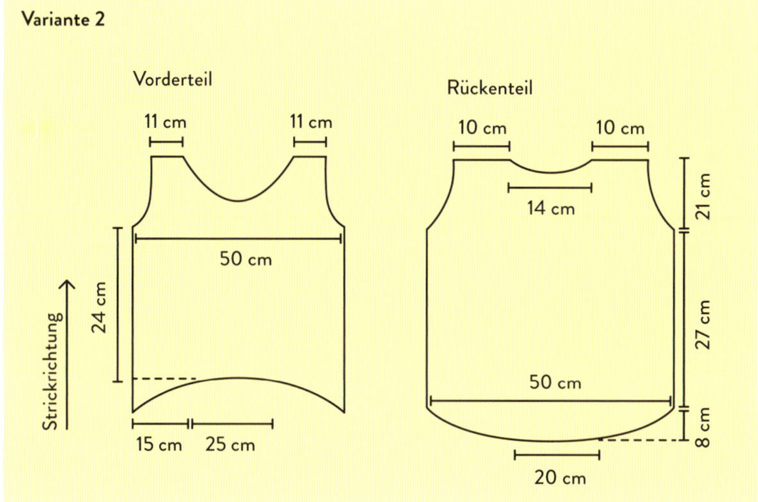
Variante 2
Vorderteil
11 cm
11 cm
50 cm
24 cm
Strickrichtung
15 cm
25 cm
Rückenteil
10 cm
10 cm
14 cm
21 cm
27 cm
50 cm
8 cm
20 cm

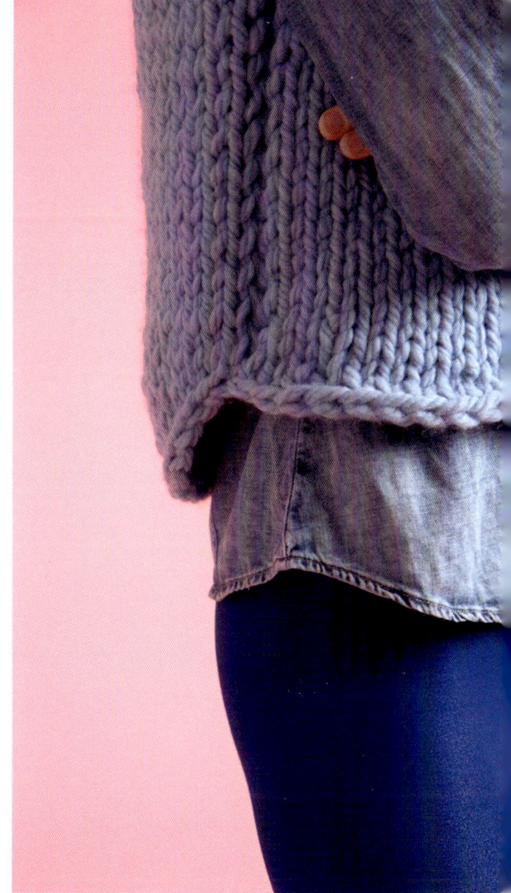

Pullover

Ellie

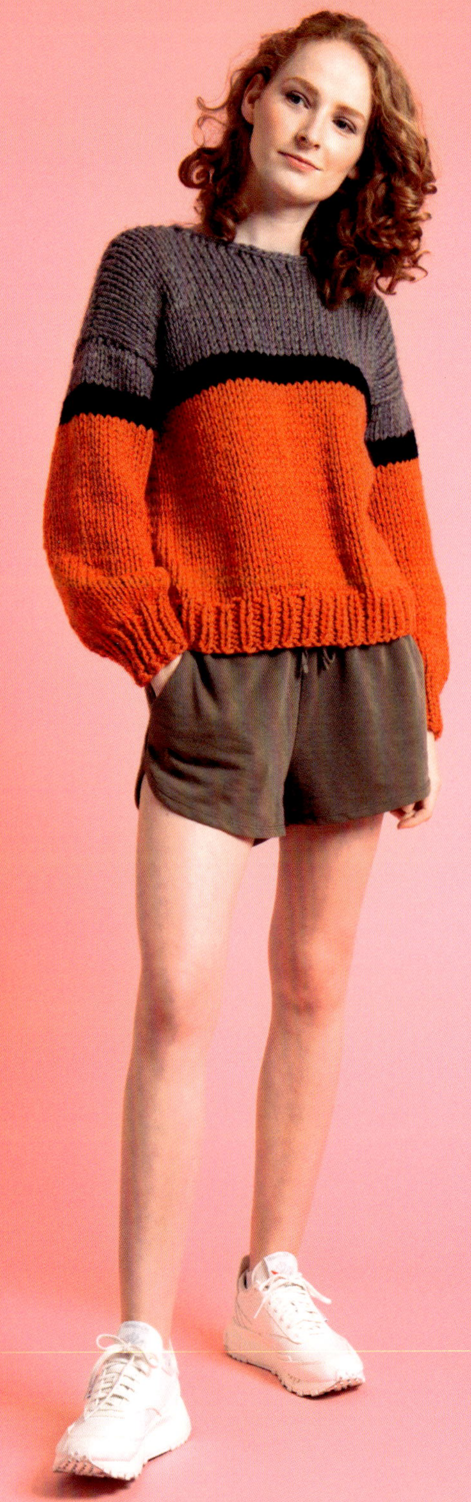

Dieser farbenfrohe Wollpulli ist mit seinem einfachen Muster und der lockeren Passform einfach super gemütlich. Er wird sicher dein neuer Lieblingspulli werden. Die bunten Streifen zaubern sofort ein Lächeln ins Gesicht und versprühen gute Laune. Man muss ihn einfach mögen, diesen Pulli!

SCHWIERIGKEITSGRAD ✖✖✖ | GRÖSSE **S/M (L/XL)**

Hinweis: Die Angaben für die Größe S/M stehen vor der Klammer, für die Größen L/XL stehen die Angaben in der Klammer. Steht nur eine Angabe, gilt diese für alle Größen.

MASSE

Länge insgesamt: ca. 54 cm
Breite insgesamt: ca. 56 cm
Ärmellänge insgesamt: ca. 49 cm
von Achsel bis Bündchen (Rand): ca. 38 cm

Hinweis: Die Maßangaben gelten für die Größe S/M, die das Model auf dem Bild trägt.

MATERIAL

- Lang Yarns Wooladdicts Fire (98 % Schurwolle, 2 % Polyester, LL 75 m/100 g) in Stein (Fb 0096), Schwarz (Fb 0004), Ziegel (Fb 0075), 400/100/600 (500/100/700) g
- Rundstricknadel 9,0 mm und 10,0 mm, 80 cm und 60 cm lang
- Stumpfe Wollnadel
- Hilfsnadel
- Maßband
- Schere

STRICKWEISE

Der Pulli wird von unten nach oben glatt rechts gestrickt. So können auch Anfänger*innen das Projekt problemlos bewältigen. Das Modell wird mit dicken Nadeln und Chunky-Garn gestrickt – perfekt, wenn es schnell gehen soll.

MASCHENPROBE

Mit Nd 10,0 mm glatt rechts
9 M und 10 R = 10 x 10 cm

Mit Nd 9,0 mm Rippenmuster 1/1
10 M und 12 R = 10 x 10 cm

GRUNDMUSTER

Rippenmuster 1/1 in R: In Hin-R 1 M rechts, 1 M links im Wechsel str, in Rück-R die M str, wie sie erscheinen. Glatt rechts in R: In Hin-R rechte M, in Rück-R linke M str.

So geht's

Vorderteil

Mit Nd 9,0 mm 39 (49) M in Fb Ziegel anschl und im Rippenmuster str.

1.–8. R: 1 RM links abh, * 1 M rechts, 1 M links *, ab * stets wdh, 1 RM rechts str.

9. R: Zu Nd 10,0 mm wechseln, glatt rechts stricken und dabei wie folgt 6 (8) M zun:

1 RM links abh, * 1 M str, dann 1 M aus dem QF zun, 6 M str, 1 M aus dem QF zun, 6 M str *, 1 RM rechts str (= 45 (57) M).

10.–40. (46.) R: 1 RM links abh, glatt rechts str, 1 RM rechts str.

Zu Schwarz wechseln.

41.–44. (47.–50.) R: 1 RM links abh, glatt rechts str, 1 RM rechts str.

Zu Stein wechseln.

45.–62. (51.–72.) R: 1 RM links abh, glatt rechts str, 1 RM rechts str.

63. (73.) R: Alle M werden wie folgt aufgeteilt:

Die ersten 14 (19) M verbleiben auf der Arbeits-Nd. Die nächsten 17 (19) M auf eine Hilfs-Nd vor die Arbeit legen, die letzten 14 (19) M auf eine andere Arbeits-Nd versetzen.

64.–66. (74.–76.) R: Die ersten und letzten 14 (19) M werden wie folgt gestrickt:

1 RM links abh, glatt rechts str, 1 RM rechts str. Die mittleren 17 (19) M verbleiben zunächst auf der Hilfs-Nd.

Am Ende die zuletzt gestrickten M möglichst locker abk.

Rückenteil

Mit Nd 9,0 mm 39 (49) M in Ziegel anschl und im Rippenmuster str.

1.–8. R: 1 RM links abh, * 1 M rechts, 1 M links *, ab * stets wdh, 1 RM rechts str.

9. R: Zu Nd 10,0 mm wechseln, glatt rechts str und dabei wie folgt 6 (8) M zun: 1 RM links abh, * 1 M str, dann 1 M aus dem QF zun, 6 M str, 1 M aus dem QF zun, 6 M str *, 1 RM rechts str (= 45 (57) M).

10.–40. (46.) R: 1 RM links abh, glatt rechts str, 1 RM rechts str.

Zu Schwarz wechseln.

41.–44. (47.–50.) R: 1 RM links abh, glatt rechts str, 1 RM rechts str.

Zu Stein wechseln.

45.–66. (51.–76.) R: 1 RM links abh, glatt rechts str, 1 RM rechts str.

67. (77.) R: Die ersten 14 (19) M locker abk, die nächsten 17 (19) M auf eine Hilfs-Nd vor die Arbeit legen, die letzten 14 (19) M locker abk.

Im nächsten Schritt werden die Schulternähte mit dem Matratzenstich zusammengenäht. Dafür werden die Strickteile mit der rechten Seite nach oben dicht aneinandergelegt. Am rechten Schulterende beginnend, werden die RM verbunden.

Halsbündchen

Zuerst die offenen 17 (19) M des Rückenteils von der Hilfs-Nd auf eine Rundstrick-Nd 9,0 mm legen, dann 2 M aus dem QF beidseitig der Schulternaht zun, dann die offenen 17 (19) M des Vorderteils auf die Nd nehmen, zuletzt beidseitig der anderen Schulternaht 2 M aus dem QF zun (= 38 (42) M). Zur Rd schließen und 1 Rd glatt rechts str.

Alle M möglichst locker abk.

Ärmel

Mit einer kurzen Rundstrick-Nd 10,0 mm in Stein 32 (40) M aus den RM des Vorder- und Rückenteils auffassen, nicht zur Rd schließen und weiter wie folgt in R str:

1.–6. R: Glatt rechts str.

Zu Schwarz wechseln.

7.–10. R: Glatt rechts str.

Zu Ziegel wechseln.

11.–42. R: Glatt rechts str.

43. R: Zu Nd 9,0 mm wechseln und gleichmäßig verteilt 8 (10) M abn, dabei wie folgt arbeiten:

* 2 M rechts zusstr, 2 M glatt rechts str, 2 M rechts zusstr * (= 24 (30) M).

44.–53. R: * 1 M rechts, 1 M links *, ab * stets wdh.

Anschließend die Arbeit locker abk, wie die M erscheinen. Den Arbeitsfaden abschneiden und durch die letzte M ziehen.

Fertigstellung

Alle Seitennähte im Matratzenstich schließen und alle Fäden vernähen. Vorsichtig von Hand waschen, in Form bringen und liegend trocknen lassen.

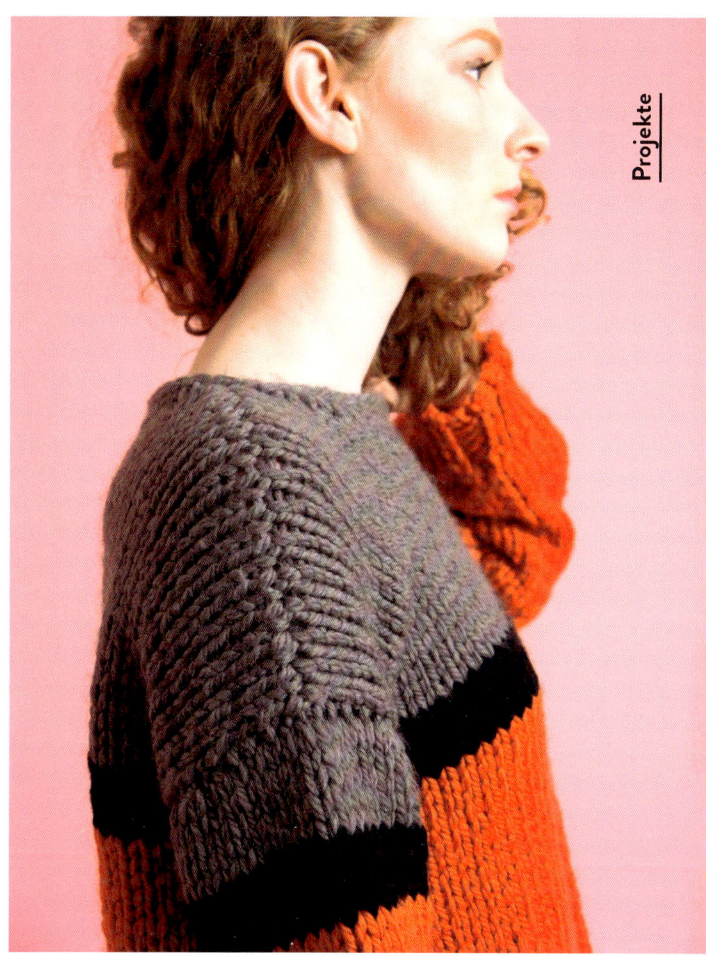

Tipp

Gerne kann der mittlere Streifen breiter gestrickt werden, entsprechend sollten dann zum einen auch die Streifen an den Ärmeln angepasst werden, zum anderen die Teile in Stein und Ziegel entsprechend verkürzt werden.

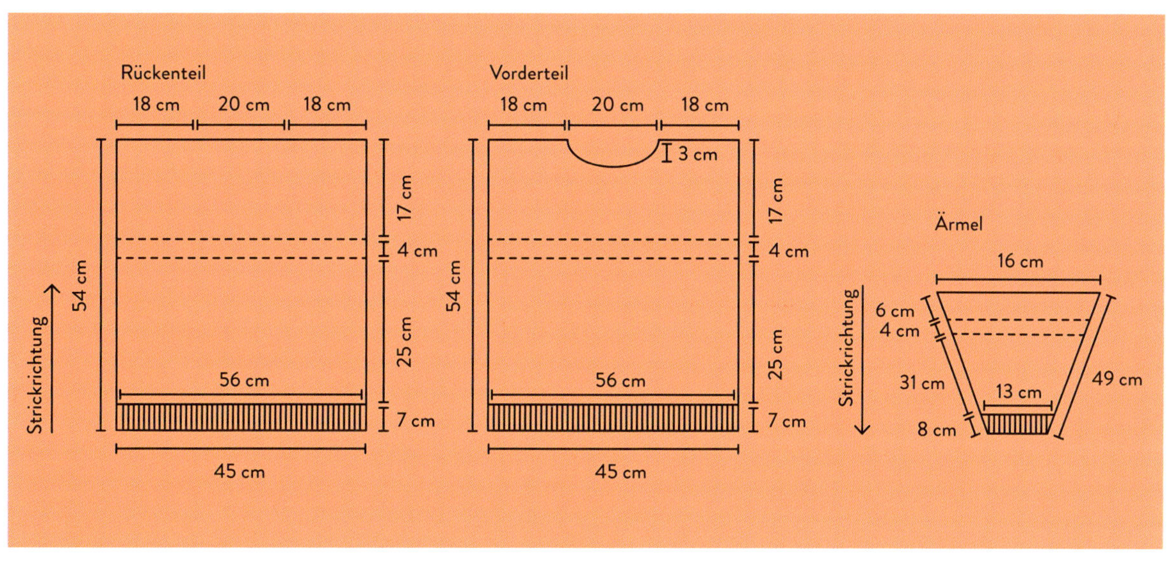

Strickjacke

Ebba

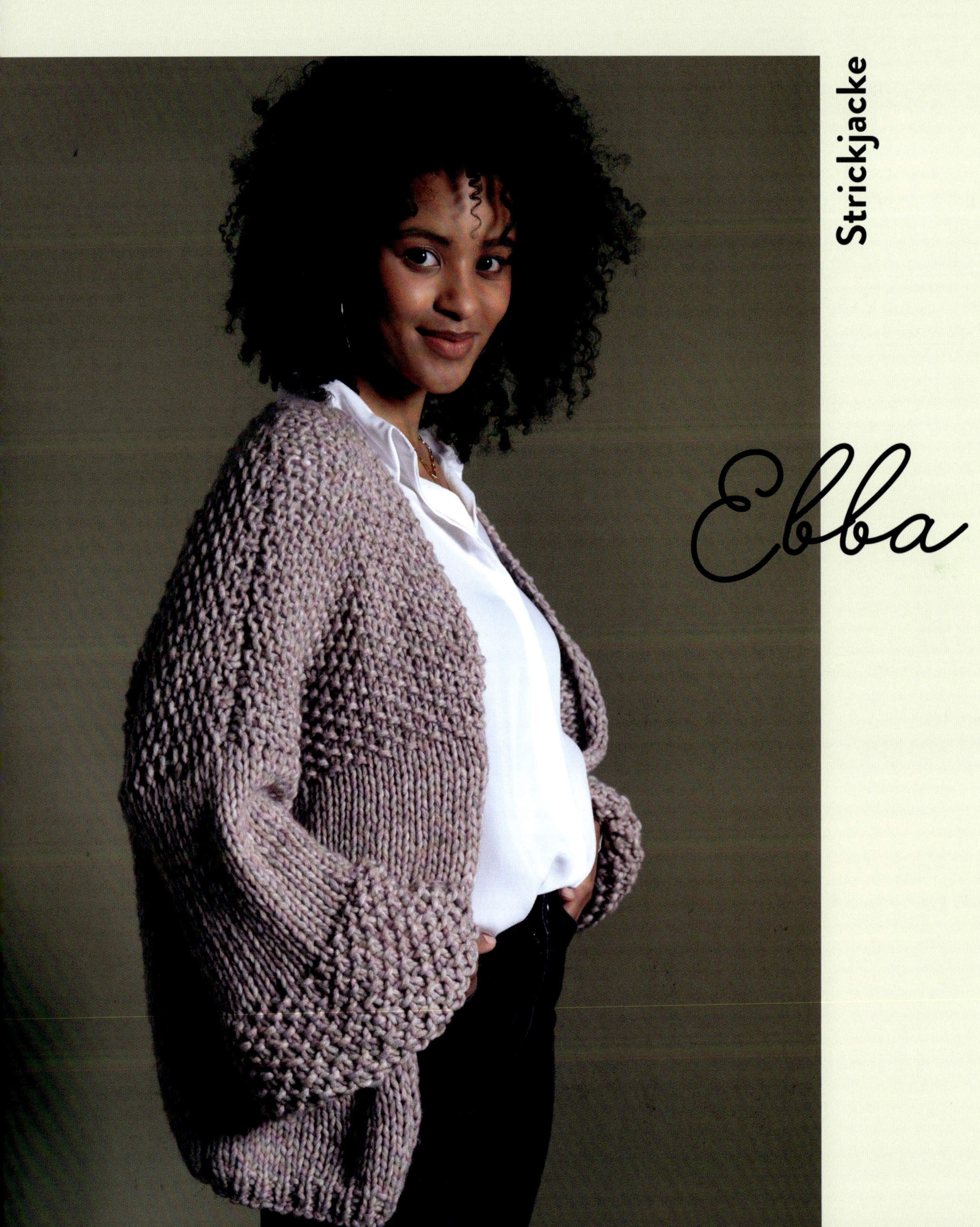

Die Highlights dieses Cardigans sind die auffälligen Ärmel. Das Perlmuster-Design sticht sofort hervor. Mit der Kleidung, die man unter dem Cardigan trägt, kann man seinen Stil noch mehr individualisieren.

SCHWIERIGKEITSGRAD ✖✖✖ | GRÖSSE **S/M (L/XL)**

Hinweis: Die Angaben für die Größe S/M stehen vor der Klammer, für die Größen L/XL stehen die Angaben in der Klammer. Steht nur eine Angabe, gilt diese für alle Größen.

MASSE

Länge insgesamt: ca. 60 cm
Breite insgesamt: ca. 65 cm
Ärmellänge insgesamt: ca. 39 cm
von Achsel bis Bündchen (Rand): ca. 35 cm

Hinweis: Die Maßangaben gelten für die Größe S/M, die das Model auf dem Bild trägt.

MATERIAL

- Lana Grossa Landlust Winterwolle (50 % Schurwolle, 35 % Baumwolle und 15 % Yak, LL 70 m/50 g) in Rosa meliert (Fb 011), 500 (550) g
- Rundstricknadel 9,0 mm und 10,0 mm, 80 cm lang, und 7,0 mm 60 cm lang
- Stumpfe Wollnadel
- Maßband
- Schere

STRICKWEISE

Dieser Cardigan ist ein echtes Express-Projekt. Er wird zum großen Teil mit der Nadelstärke 9,0 mm gearbeitet. Der raffinierte Armabschluss wird mit den Nadelstärken 10,0 mm und 7,0 mm gestrickt. Die Vorderteile sind zusammen schmaler als das Rückenteil, dadurch entsteht am Cardigan eine nach oben auslaufende Verbreiterung.

MASCHENPROBE

Mit Nd 9,0 mm glatt rechts
9 M und 13 R = 10 x 10 cm

GRUNDMUSTER

Rippenmuster 1/1 in R: In Hin-R 1 M rechts, 1 M links im Wechsel str, in Rück-R die M str, wie sie erscheinen.
Glatt rechts in R: In Hin-R rechte M, in Rück-R linke M str.
Kleines Perlmuster:
Hin-R: 1 RM, * 1 M links, 1 M rechts *, ab * stets wdh, 1 RM.
Rück-R: 1 RM, * 1 M rechts, 1 M links *, ab * stets wdh, 1 RM.

So geht's

Rückenteil

Mit Nd 9,0 mm 61 (71) M anschl und im Rippenmuster str.
1.–4. R: 1 RM links abh, * 1 M rechts, 1 M links *, ab * stets wdh, 1 RM rechts str.
5.–46. (50.) R: 1 RM links abh, glatt rechts str, 1 RM rechts str.
47. (51.) R: 1 RM links abh, im kleinen Perlmuster * 1 M links, 1 M rechts *, ab * stets wdh, 1 RM links str.
48. (52.) R: 1 RM links abh, im kleinen Perlmuster * 1 M rechts, 1 M links *, ab * stets wdh, 1 RM links str.
Weiter fortlaufend im kleinen Perlmuster str, bis insgesamt 76 (84) R gestrickt sind. Anschließend die Arbeit locker abk, wie die M erscheinen. Den Arbeitsfaden abschneiden und durch die letzte M ziehen.

Linkes Vorderteil

Mit Nd 9,0 mm 25 (35) M anschl und im Rippenmuster str.
1.–4. R: 1 RM links abh, * 1 M rechts, 1 M links *, ab * stets wdh, 1 RM rechts str.
5.–46. (50.) R: 1 RM links abh, glatt rechts str, 1 RM rechts str.
47. (51.) R: 1 RM links abh, im kleinen Perlmuster * 1 M links, 1 M rechts *, ab * stets wdh, 1 RM links str.
48. (52.) R: 1 RM links abh, im kleinen Perlmuster * 1 M rechts, 1 M links *, ab * stets wdh, 1 RM links str.
Weiter fortlaufend im kleinen Perlmuster str, bis insgesamt 76 (84) R gestrickt sind. Anschließend die Arbeit locker abk, wie die M erscheinen. Den Arbeitsfaden abschneiden und durch die letzte M ziehen.

Rechtes Vorderteil

Wie das linke Vorderteil stricken, jedoch gegengleich.

Nun werden Rückenteil und Vorderteile von links nach rechts mit dem Matratzenstich zusammengenäht.

Ärmel

Mit einer kurzen Rundstrick-Nd 9,0 mm aus den RM des Vorder- und Rückenteils neue M auf die Nd aufnehmen, an der Schulternaht beginnen:
Für Variante 1: 36 (44) M anschl.
Für Variante 2: 35 (43) M anschl und dann wie folgt weiterstr.

VARIANTE 1

Zur Rd schließen und in Rd str

1.–22. (26.) Rd: Glatt rechts str.
23. (27.) Rd: Zu Nd 10,0 mm wechseln und gleichmäßig verteilt 6 M zun.
Zun-Rd: * 5 (8) M str, dann 1 M aus dem QF verschränkt zun, 6 (7) M str, 1 M aus dem QF verschränkt zun, 6 (7) M str * (= 41 (49) M).
Ab hier im kleinen Perlmuster str:
24. (28.) Rd: * 1 M links, 1 M rechts *, ab * stets wdh.
25. (29.) Rd: * 1 M rechts, 1 M links *, ab * stets wdh.
Weiter fortlaufend im kleinen Perlmuster str, bis insgesamt 44 (46) Rd gestrickt sind.
Zu Nd 7,0 mm wechseln und im kleinen Perlmuster weiterstr.
45. (47.) Rd: * 1 M links, 1 M rechts *, ab * stets wdh.
46. (48.) Rd: * 1 M rechts, 1 M links *, ab * stets wdh.
Anschließend die Arbeit locker abk, wie die M erscheinen. Den Arbeitsfaden abschneiden und durch die letzte M ziehen.

VARIANTE 2

Weiter in R str

1.–22. (26.) R: 1 RM links abh, glatt rechts str, 1 RM rechts str.
23. (27.) R: Zu Nd 10,0 mm wechseln und gleichmäßig verteilt 6 M zun.
Zun-R: 1 RM links abh, * 3 (6) M str, dann 1 M aus dem QF verschränkt zun, 6 (7) M str, 1 M aus dem QF verschränkt zun, 6 (7) M str *, 1 RM rechts str (= 41 (49) M).
Ab hier im kleinen Perlmuster str:

24. (28.) R: 1 RM links abh, * 1 M links, 1 M rechts *, ab * stets wdh, 1 RM rechts str.
25. (29.) R: 1 RM links abh, * 1 M rechts, 1 M links *, ab * stets wdh, 1 RM rechts str.
Weiter fortlaufend im kleinen Perlmuster str, bis insgesamt 44 (46) R gestrickt sind.
Zu Nd 7,0 mm wechseln und weiter im kleinen Perlmuster str.
45. (47.) R: 1 RM links abh, * 1 M links, 1 M rechts *, ab * stets wdh, 1 RM rechts str.
46. (48.) R: 1 RM links abh, * 1 M rechts, 1 M links *, ab * stets wdh, 1 RM rechts str.

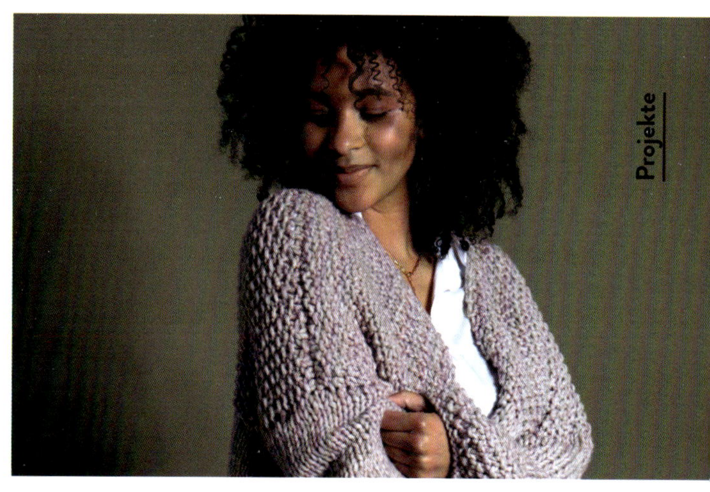

Anschließend die Arbeit locker abk. Den zweiten Ärmel genauso stricken. Am Ende bei Variante 2 die Ärmel zusammennähen.

Abketten

Bei einem Perlmuster müssen die M so abgestrickt werden, wie das Muster erscheint. Das bedeutet, eine rechte M wird rechts, eine linke M wird links abgekettet, sodass sich das Muster fortsetzt.

Fertigstellung

Zum Schluss das Rückenteil und beide Vorderteile mit dem Matratzenstich an den Seitennähten beginnend zusammennähen und alle Fäden mit der Wollnadel vernähen. Vorsichtig waschen und anschließend flach liegend trocknen lassen.

Tipp

Wem die vordere Öffnung des Cardigans zu breit ist, der kann eine Blende (z. B. im Rippenmuster) umlaufend über Vorderkanten und Rückenausschnitt stricken. Mit Nd 9,0 mm von rechts aus dem Rand des rechten Vorderteils, aus dem Rückenausschnitt und aus dem Rand des linken Vorderteils ausreichend viele M anschl und im Rippenmuster wie folgt str.
1.–4. R: 1 RM links abh, * 1 M rechts, 1 M links *, ab * stets wdh, 1 RM rechts str.
Anschließend die Arbeit locker abk, wie die M erscheinen.

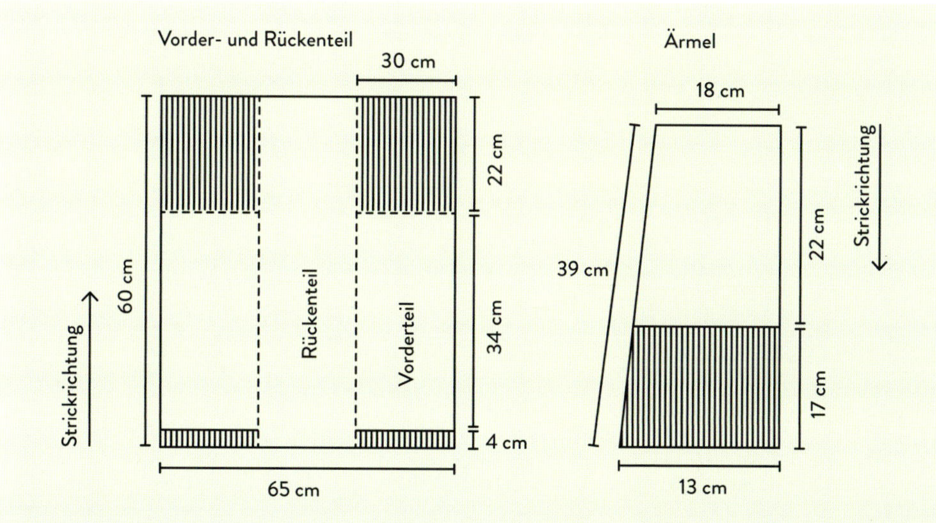

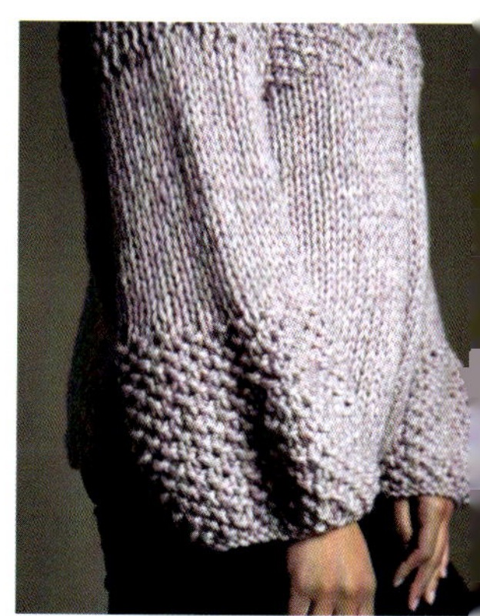

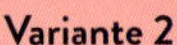

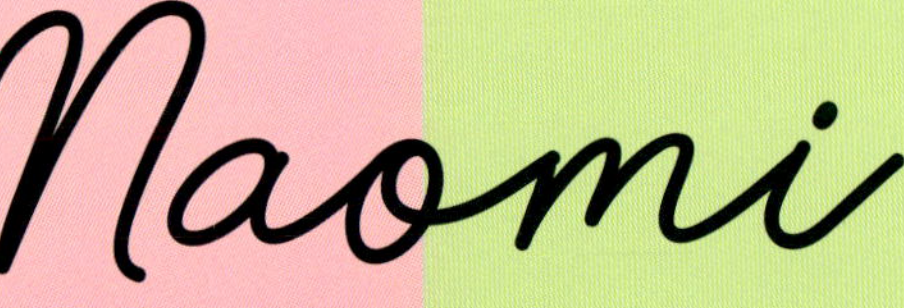

Weste

Wer dieses Strickstück sieht, denkt sicher „Wow“! Die Weste ist perfekt kombinierbar mit verschiedenen Styles, ist sowohl zeitlos als auch elegant. Egal, ob zum Kaffee mit den Mädels oder in der Arbeit, mit „Naomi“ ist man immer toll gekleidet.

SCHWIERIGKEITSGRAD ✖✖✖ | GRÖSSE **S/M (L/XL)**

Hinweis: Die Angaben für die Größe S/M stehen vor der Klammer, für die Größen L/XL stehen die Angaben in der Klammer. Steht nur eine Angabe, gilt diese für alle Größen.

MASSE

Variante 1

Länge insgesamt: ca. 120 cm
Länge Vorderteil: ca. 40 cm
Länge Rücken: ca. 40 cm
Breite insgesamt: ca. 72 cm

Variante 2

Länge insgesamt: ca. 100 cm
Länge Vorderteil: ca. 30 cm
Länge Rücken: ca. 40 cm
Breite insgesamt: ca. 70 cm

Hinweis: Die Maßangaben gelten für die Größe S/M, die das Model auf dem Bild trägt.

MATERIAL

- Variante 1: Wool and The Gang Crazy Sexy Wool (100 % Wolle, LL 80 m/200 g) in Bordeauxrot (Fb 83153), 1000 (1200) g
- Variante 2: Katia Tout de Suite (80 % Polyacryl, 20 % Wolle, LL 60 m/200 g) in Nachtblau (Fb 112), 1200 (1400) g
- Rundstricknadel 10,0 mm, 80 cm lang, oder 12,0 mm, 80 cm lang
- Stumpfe Wollnadel
- Schere

STRICKWEISE

Diese wunderschöne Weste wird in einem Stück und nur glatt rechts oder kraus rechts gestrickt. Es wird auf der linken Seite begonnen und in rechteckiger Form bis zum rechten Rand gestrickt; dabei werden vertikal verlaufende Schlitze als Armlöcher eingearbeitet.

MASCHENPROBE

Variante 1

Mit Nd 10,0 mm glatt rechts
9 M und 12 R = 10 x 10 cm

Variante 2

Mit Nd 10,0 mm kraus rechts
8 M und 16 R = 10 x 10 cm

GRUNDMUSTER

Glatt rechts in R: In Hin-R rechte M, in Rück-R linke M str.
Kraus rechts in R: In Hin-R und Rück-R rechte M str.

So geht's

VARIANTE 1

Mit Nd 10,0 mm 56 (67) M anschl.
1.–42. (52.) R: 1 RM links abh, glatt rechts str, 1 RM rechts str.
43. (53.) R: 1 RM links abh, 18 M glatt rechts str, die nächsten 18 (23) M locker abk, 18 (24) M glatt rechts str, 1 RM rechts str.
44. (54.) R: 1 RM links abh, 18 M glatt rechts str, 18 (23) M anschl, 18 (24) M glatt rechts str, 1 RM rechts str.
45.–86. (55.–106.) R: 1 RM links abh, glatt rechts, 1 RM rechts str.
87. (107.) R: 1 RM links abh, 18 M glatt rechts str, die nächsten 18 (23) M locker abk, 18 (24) M glatt rechts str, 1 RM rechts str.
88. (108.) R: 1 RM links abh, 18 M glatt rechts str, 18 (23) M anschl, 18 (24) M glatt rechts str, 1 RM rechts str.
89.–130. (109.–160.) R: 1 RM links abh, glatt rechts, 1 RM rechts str.
Anschließend die Arbeit locker abk, wie die M erscheinen. Den Arbeitsfaden abschneiden und durch die letzte M ziehen.

VARIANTE 2

Mit Nd 10,0 mm 51 (63) M anschl.
1.–44. (56.) R: 1 RM links abh, kraus rechts str, 1 RM rechts str.
45. (57.) R: 1 RM links abh, 16 M kraus rechts str, die nächsten 17 (21) M locker abk, 16 (24) M kraus rechts str, 1 RM rechts str.
46. (58.) R: 1 RM links abh, 16 M kraus rechts str, 17 (21) M anschl, 16 (24) M kraus rechts str, 1 RM rechts str.
47.–106. (59.–130.) R: 1 RM links abh, kraus rechts, 1 RM rechts str.
107. (131.) R: 1 RM links abh, 16 M kraus rechts str, die nächsten 17 (21) M locker abk, 16 (24) M kraus rechts str, 1 RM rechts str.
108. (132.) R: 1 RM links abh, 16 M kraus rechts str, 17 (21) M anschl, 16 (24) M kraus rechts str, 1 RM rechts str.
109.–152. (133.–188.) R: 1 RM links abh, kraus rechts, 1 RM rechts str.
Anschließend die Arbeit locker abk, wie die M erscheinen. Den Arbeitsfaden abschneiden und durch die letzte M ziehen.

Fertigstellung

Alle Fäden vernähen. Vorsichtig von Hand waschen und liegend trocknen lassen.

Tipp

Die Weste kannst du sehr einfach selbst in der Länge oder Breite anpassen. Du kannst sie etwas lockerer (größer: ein paar Reihen mehr stricken) oder eng anliegend stricken. Am besten misst du deinen Brust- und Bauchumfang. Wenn du diese schöne Weste fest stricken möchtest, solltest du die Nadelstärke 10,0 mm verwenden oder für eine etwas lockerere Version die Nadelstärke 12,0 mm.

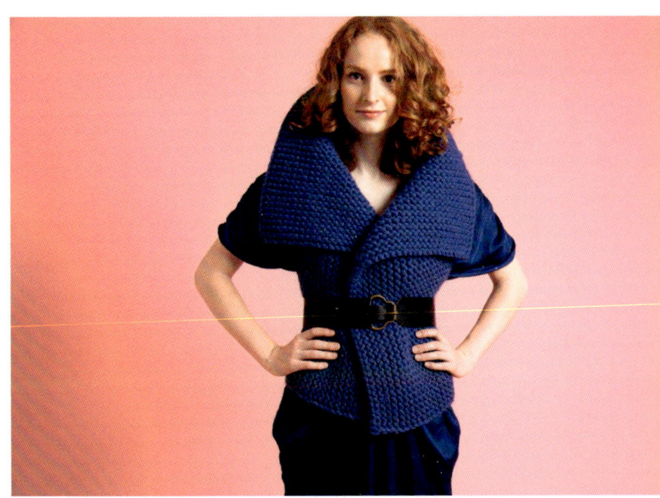

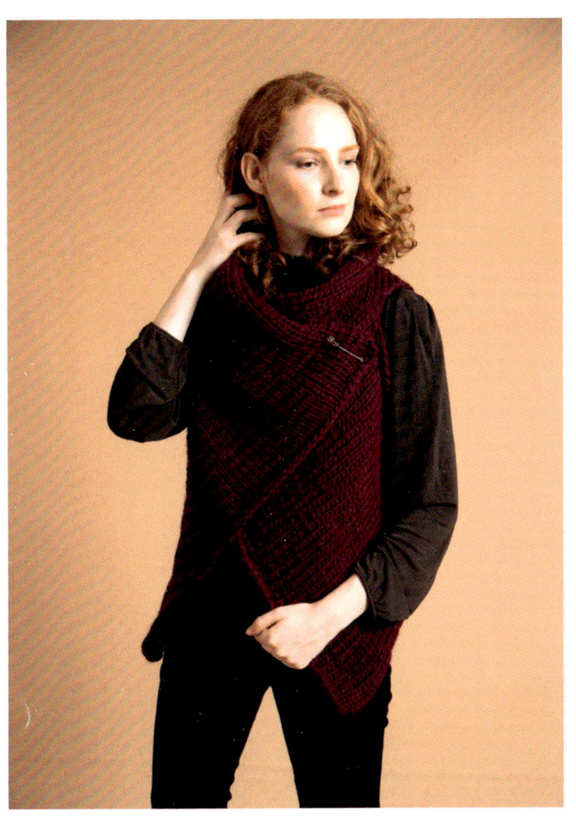

Variante 1

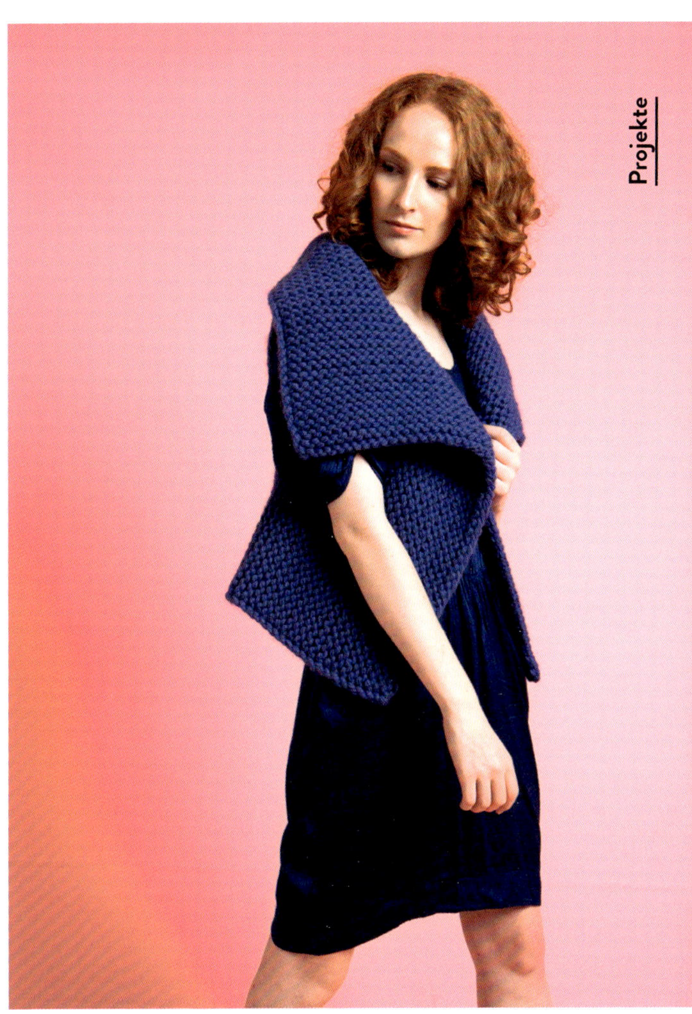

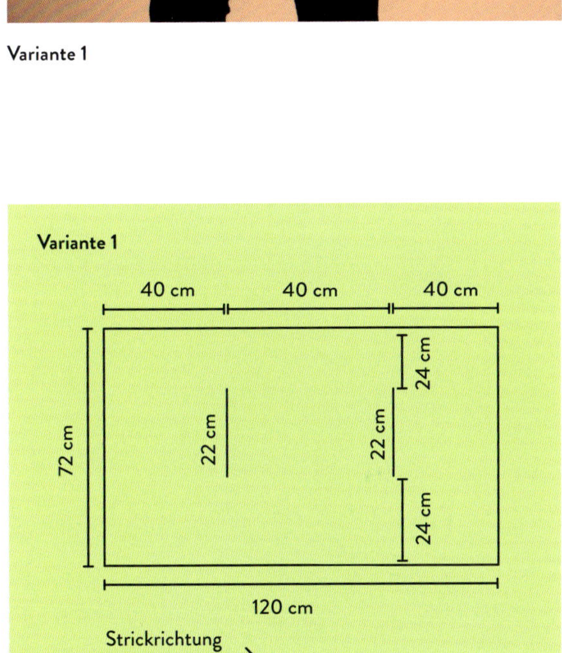
Variante 1
40 cm
40 cm
40 cm
72 cm
22 cm
24 cm
22 cm
24 cm
120 cm
Strickrichtung

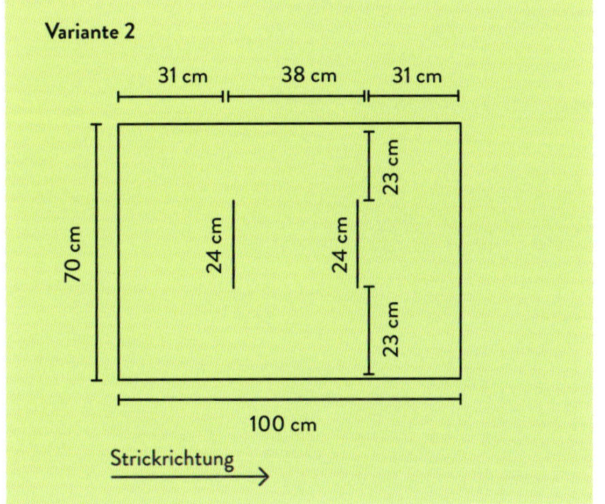
Variante 2
31 cm
38 cm
31 cm
70 cm
24 cm
23 cm
24 cm
23 cm
100 cm
Strickrichtung

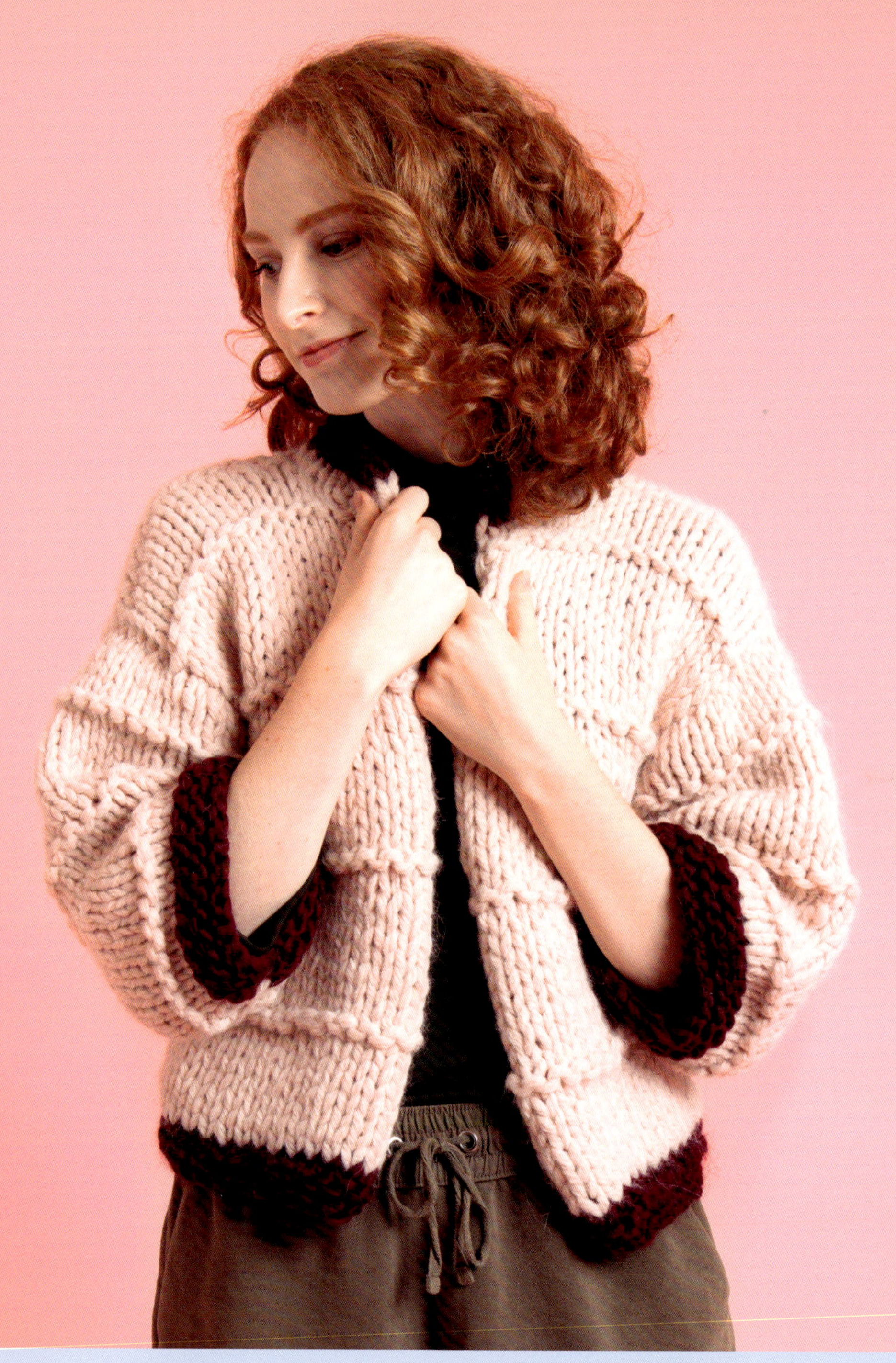

Strickjacke

Leila

Diese Jacke besticht durch ihren raffinierten Schnitt und ihre 3/4 Ärmel im angesagten „cropped“ Style, das wertet jedes Outfit modisch auf.

SCHWIERIGKEITSGRAD ✖✖✖ | GRÖSSE **S/M (L/XL)**

Hinweis: Die Angaben für die Größe S/M stehen vor der Klammer, für die Größen L/XL stehen die Angaben in der Klammer. Steht nur eine Angabe, gilt diese für alle Größen.

MASSE

Länge insgesamt: ca. 45 cm
Breite insgesamt: ca. 50 cm
Ärmellänge ¾ insgesamt: ca. 32 cm
von Achsel bis Bündchen (Rand): ca. 28 cm

Hinweis: Die Maßangaben gelten für die Größe S/M, wie auf dem Foto mit dem Model abgebildet.

MATERIAL

- Rico Design Fashion Alpaca Cozy Up! (45 % Polyacryl, 40 % Alpaka, 15 % Wolle, LL 47 m/100 g) in Rosa (Fb 002), 700 (800) g
- Wool and the Gang Crazy Sexy Wool (100 % Wolle, LL 80 m/200 g) in Bordeauxrot (Fb 83153), 200 g
- Rundstricknadel 10,0 mm und 7,0 mm, 80 cm und 60 cm lang
- Stumpfe Wollnadel
- Maßband
- Schere

STRICKWEISE

In jeweils gleichen Abständen wird das glatt rechts gestrickte Muster durch eine Reihe kraus rechter Maschen unterbrochen. Eine minimale Veränderung – und so ein interessanter Effekt!

MASCHENPROBE

Mit Nd 10,0 mm glatt rechts
7 M und 10 R = 10 x 10 cm

GRUNDMUSTER

Glatt rechts in R: In Hin-R rechte M, in Rück-R linke M str.
Kraus rechts in R: In Hin-R und Rück-R rechte M str.

So geht's

Rückenteil

Mit Nd 10,0 mm 32 (42) M in Bordeauxrot anschl und kraus rechts str.

1.–4. (6.) R: 1 RM links abh, kraus rechts str, 1 RM rechts str.

Zu Rosa wechseln und weiter glatt rechts str:

5.–11. (7.–15.) R: 1 RM links abh, glatt rechts str, 1 RM rechts str.

12. (16.) R: 1 RM links abh, kraus rechts str, 1 RM rechts str.

13.–21. (17.–27.) R: 1 RM links abh, glatt rechts str, 1 RM rechts str.

22. (28.) R: 1 RM links abh, kraus rechts str, 1 RM rechts str.

23.–31. (29.–39.) R: 1 RM links abh, glatt rechts str, 1 RM rechts str.

32. (40.) R: 1 RM links abh, kraus rechts str, 1 RM rechts str.

33.–41. (41.–51.) R: 1 RM links abh, glatt rechts str, 1 RM rechts str.

42. (52.) R: 1 RM links abh, kraus rechts str, 1 RM rechts str.

43.–46. (53.–56.) R: 1 RM links abh, glatt rechts str, 1 RM rechts str.

Anschließend die Arbeit locker abk, wie die M erscheinen. Den Arbeitsfaden abschneiden und durch die letzte M ziehen.

Linkes Vorderteil

Mit Nd 10,0 mm 18 (24) M in Bordeauxrot anschl und kraus rechts str.

1.–4. (6.) R: 1 RM links abh, kraus rechts str, 1 RM rechts str.

Zu Rosa wechseln und weiter glatt rechts str:

5.–11. (7.–15.) R: 1 RM links abh, glatt rechts str, 1 RM rechts str.

12. (16.) R: 1 RM links abh, kraus rechts str, 1 RM rechts str.

13.–21. (17.–27.) R: 1 RM links abh, glatt rechts str, 1 RM rechts str.

22. (28.) R: 1 RM links abh, kraus rechts str, 1 RM rechts str.

Diesen Mustersatz noch 2x wdh.

43. (53.) R: 4 M abk, weiter glatt rechts str, 1 RM rechts str.

44. (54.) R: 1 RM links abh, alle M, wie sie erscheinen, str, 1 RM rechts str.

45. (55.) R: 3 M abk, weiter glatt rechts str, 1 RM rechts str.

46. (56.) R: 1 RM links abh, alle M, wie sie erscheinen, str, 1 RM rechts str.

Nach allen Abn sind 11 (17) M übrig. Anschließend die Arbeit locker abk, wie die M erscheinen. Den Arbeitsfaden abschneiden und durch die letzte M ziehen.

Rechtes Vorderteil

Wie das linke Vorderteil stricken, jedoch gegengleich.

Nun werden Rücken- und Vorderteile zusammengenäht. Dafür werden die sich jeweils gegenüberliegenden abgeketteten M im Maschenstich verbunden.

Kragen

Aus den RM von Rück- und Vorderteilen auf eine Rundstrick-Nd 7,0 mm in Bordeauxrot insgesamt 26 (32) M anschl:

1.–4. (6.) R: 1 RM links abh, kraus rechts str, 1 RM rechts str.

Alle M möglichst locker abk.

Ärmel

Mit einer kurzen Rundstrick-Nd 10,0 mm in Rosa 31 (39) M aus den RM des Vorder- und Rückenteils auffassen (an der Schulternaht beginnen); diese nicht zur Rd schließen und weiter in R str:

1.–5. R: 1 RM links abh, glatt rechts str, 1 RM rechts str.

6. R: 1 RM links abh, kraus rechts str, 1 RM rechts str.

7.–15. (7.–17.) R: 1 RM links abh, glatt rechts str, 1 RM rechts str.

16. (18.) R: 1 RM links abh, kraus rechts str, 1 RM rechts str.

17.–18. (19.–22.) R: 1 RM links abh, glatt rechts str, 1 RM rechts str.

19. (23.) R: Neben der RM wird eine Abn durchgeführt, indem 2 M rechts zusgestrickt werden, dann weiter glatt rechts str. Vor der RM wird eine weitere Abn durchgeführt, indem 2 M rechts zusgestrickt werden.
20.–25. (24.–29.) R: 1 RM links abh, glatt rechts str, 1 RM rechts str.
26. (30.) R: 1 RM links abh, kraus rechts str, 1 RM rechts str.
27.–28. (31.–32.) R: 1 RM links abh, glatt rechts str, 1 RM rechts str.
Zu Bordeauxrot wechseln und weiter wie folgt stricken:
29.–32. (33.–38.) R: 1 RM links abh, kraus rechts str, 1 RM rechts str.

Anschließend die Arbeit locker abk, wie die M erscheinen. Den Arbeitsfaden durch die letzte M ziehen. Am Ende den Ärmel zusammennähen. Den zweiten Ärmel genauso str.

Fertigstellung

Alle Seitennähte im Matratzenstich schließen und alle Fäden vernähen. Vorsichtig von Hand waschen, spannen und liegend trocknen lassen.

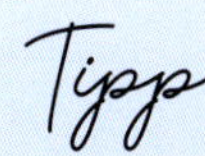

Bei sehr fester Stricktechnik lieber eine Rundstrick-Nd 12,0 mm verwenden, dadurch wird die Jacke weicher und die Textur weniger steif.

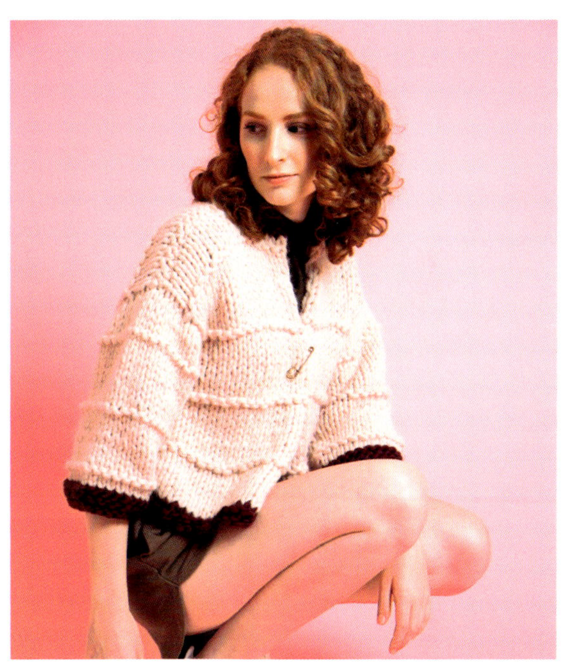

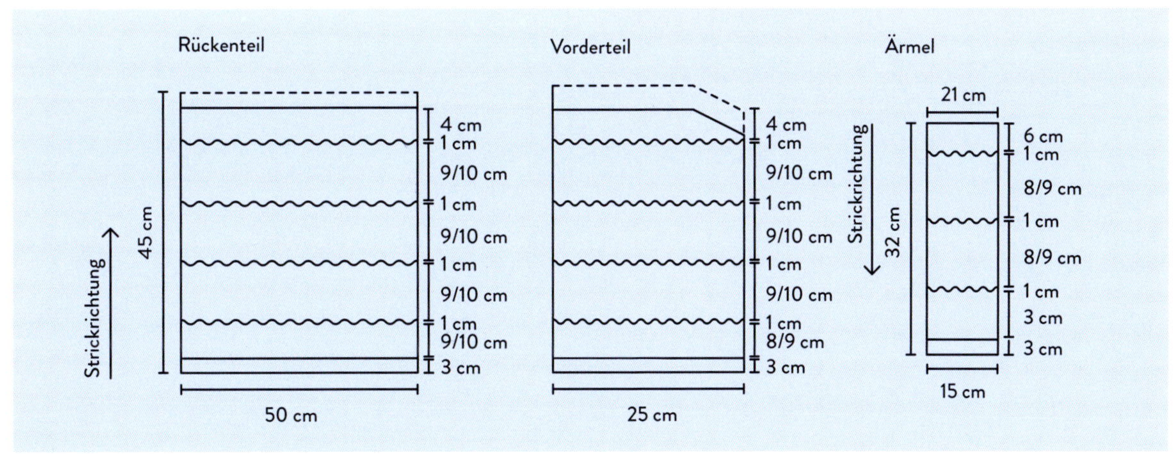

Strickjacke
Elaine

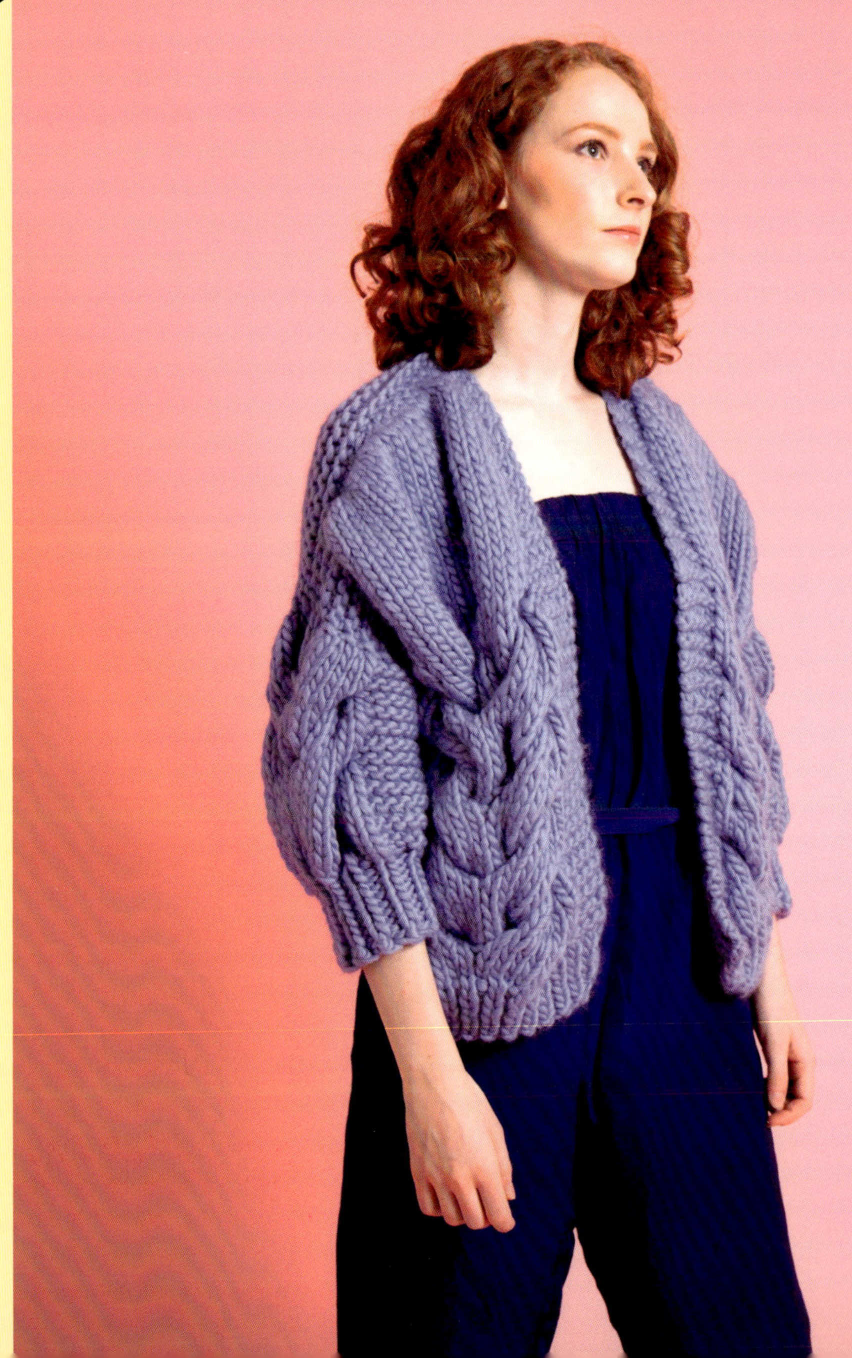

Ein edler Boxy-Cardigan mit voluminösem Zopfmuster. Die hellblaue Farbe gibt einem das Gefühl, als würde man eine Wolke stricken.

SCHWIERIGKEITSGRAD ✖✖✖ | GRÖSSE **S/M (L/XL)**

Hinweis: Die Angaben für die Größe S/M stehen vor der Klammer, für die Größen L/XL stehen die Angaben in der Klammer. Steht nur eine Angabe, gilt diese für alle Größen.

MASSE

Länge insgesamt: ca. 53 cm
Breite Rückenteil: ca. 70 cm
Breite Vorderteil: ca. 29 cm
Ärmellänge insgesamt: ca. 30 cm
von Achsel bis Bündchen (Rand): ca. 30 cm

Hinweis: Die Maßangaben gelten für die Größe S/M, die das Model auf dem Bild trägt.

MATERIAL

- BettaKnit Cool Wool (100 % Wolle, LL 80 m/200 g) in Serenity, 1600 (1800) g
- Rundstricknadel 10,0 mm, 80 cm und 60 cm lang
- Stumpfe Wollnadel
- Hilfsnadel
- Maßband
- Schere

STRICKWEISE

Das Rückenteil wird als erstes Teil kraus rechts gestrickt. Bei den beiden Vorderteilen wird das Grundmuster mit einem glatt rechts gestrickten Zopf kontrastiert. Weil sich das Strickstück beim Zopfstricken in der Breite zusammenzieht, müssen während der Arbeit 4 Maschen im Zopf aufgenommen werden und die Kanten ebenfalls kraus rechts gestrickt werden.

MASCHENPROBE

Mit Nd 10,0 mm kraus rechts
9 M und 13 R = 10 x 10 cm
Mit Nd 10,0 mm im Rippenmuster 1/1
9 M und 12 R = 10 x 10 cm
Mit Nd 10,0 mm im Zopfmuster
24 M und 13 R = 16 cm x 10 cm

GRUNDMUSTER

Rippenmuster 1/1 in R: 1 M rechts, 1 M links im Wechsel str.
Kraus rechts in R: In Hin- und Rück-R nur rechte Maschen str.
Glatt rechts in R: In Hin-R rechte M, in Rück-R linke M str.

ZOPFMUSTER:

Bei diesem Zopfmuster besteht der geflochtene Zopf aus 24 M.
1. R: Die ersten 6 M mit einer Hilfs-Nd abh und hinter die Arbeit legen. Die nächsten 6 M rechts str, die abgelegten 6 M von der Hilfs-Nd zurückholen und rechts str. Die folgenden 6 M mit einer Hilfs-Nd abh und vor die Arbeit legen, die nächsten 6 M rechts str. Die abgelegten 6 M von der Hilfs-Nd zurückholen und rechts str.
2.–8. R: Alle M str, wie sie erscheinen.
9. R: Die ersten 6 M mit einer Hilfs-Nd abh und hinter die Arbeit legen. Die nächsten 6 M rechts str, die abgelegten 6 M von der Hilfs-Nd zurückholen und rechts str. Die folgenden 6 M mit einer Hilfs-Nd abh und vor die Arbeit legen, die nächsten 6 M rechts str. Die abgelegten 6 M von der Hilfs-Nd zurückholen und rechts str.

So geht's

Rückenteil

Mit Nd 10,0 mm 55 (65) M anschl und im Rippenmuster str.

1.–6. R: 1 RM links abh, * 1 M links, 1 M rechts *, ab * stets wdh, 1 RM rechts str.

7.–63. (71.) R: 1 RM links abh, kraus rechts str, 1 RM rechts str.

Anschließend die Arbeit locker abk, wie die M erscheinen. Den Arbeitsfaden abschneiden und durch die letzte M ziehen.

Rechtes Vorderteil

Mit Nd 10,0 mm 31 (35) M anschl und im Rippenmuster str.

1.–6. R: 1 RM rechts str, * 1 M links, 1 M rechts *, ab * stets wdh, 1 RM rechts str.

7. R: 1 RM rechts str, 4 (6) M kraus rechts str, 4 M rechts str, 1 M aus dem QF zun, 4 M rechts str, 1 M aus dem QF zun, 4 M rechts str, 1 M aus dem QF zun, 4 M rechts str, 1 M aus dem QF zun, 4 M rechts str, 5 (7) M kraus rechts str, 1 RM rechts str (= 35 (39) M).

8.–10. R: 1 RM rechts str, 4 (6) M kraus rechts str, 24 M glatt rechts str, 5 (7) M kraus rechts str, 1 RM rechts str.

Ab hier fängt das Zopfmuster an.

11. R: 1 RM rechts str, 4 (6) M kraus rechts str, 24 M im Zopfmuster str, 5 (7) M kraus rechts str, 1 RM rechts str.

12.–18. R: 1 RM rechts str, 4 (6) M kraus rechts str, 24 M glatt rechts str, 5 (7) M kraus rechts str, 1 RM rechts str.

19. R: 1 RM rechts str, 4 (6) M kraus rechts str, 24 M im Zopfmuster str, 5 (7) M kraus rechts str, 1 RM rechts str.

20.–26. R: 1 RM rechts str, 4 (6) M kraus rechts str, 24 M glatt rechts str, 5 (7) M kraus rechts str, 1 RM rechts str.

27. R: 1 RM rechts str, 4 (6) M kraus rechts str, 24 M im Zopfmuster str, 5 (7) M kraus rechts str, 1 RM rechts str.

28.–34. R: 1 RM rechts str, 4 (6) M kraus rechts str, 24 M glatt rechts str, 5 (7) M kraus rechts str, 1 RM rechts str.

35. R: 1 RM rechts str, 4 (6) M kraus rechts str, 24 M im Zopfmuster str, 5 (7) M kraus rechts str, 1 RM rechts str.

36.–42. R: 1 RM rechts str, 4 (6) M kraus rechts str, 24 M glatt rechts str, 5 (7) M kraus rechts str, 1 RM rechts str.

43. R: 1 RM rechts str, 4 (6) M kraus rechts str, 24 M im Zopfmuster str, 5 (7) M kraus rechts str, 1 RM rechts str.

44.–56. R: 1 RM rechts str, 4 (6) M kraus rechts str, 24 M glatt rechts str, 5 (7) M kraus rechts str, 1 RM rechts str.

57. R: 1 RM rechts str, 4 (6) M kraus rechts str, 2 M rechts zusstr, 22 M glatt rechts str, 5 (7) M kraus rechts str, 1 RM rechts str.

58. (60.) R: 1 RM rechts str, 4 (6) M kraus rechts str, 23 M glatt rechts str, 5 (7) M kraus rechts str, 1 RM rechts str.

59. (61.) R: 1 RM rechts str, 4 (6) M kraus rechts str, 2 M rechts zusstr, 21 M glatt rechts str, 5 (7) M kraus rechts str, 1 RM rechts str.

60. (62.–64.) R: 1 RM rechts str, 4 (6) M kraus rechts str, 22 M glatt rechts str, 5 (7) M kraus rechts str, 1 RM rechts str.

61. (65.) R: 1 RM rechts str, 4 (6) M kraus rechts str, 2 M rechts zusstr, 20 M glatt rechts str, 5 (7) M kraus rechts str, 1 RM rechts str (= 32 (36) M).

62. (66.–68.) R: 1 RM rechts str, 4 (6) M kraus rechts str, 21 M glatt rechts str, 5 (7) M kraus rechts str, 1 RM rechts str.

63. (69.) R: Es werden 7 (9) Abn durchgeführt, indem jeweils 2 M zusstr werden, dabei wie folgt arbeiten:
1 RM rechts str, 4 (6) M kraus rechts str, (2 M zusstr, 1 M rechts str) x 7 (9) M, 5 (7) M kraus rechts str, 1 RM rechts str (= 25 (27) M).

Nach allen Abn sind 25 M für die Größe S/M übrig. Anschließend die Arbeit locker abk, wie die M erscheinen. Den Arbeitsfaden abschneiden und durch die letzte M ziehen.

Für die Größe L/XL sind 27 M übrig; hier müssen noch 2 weitere R gestrickt werden:
1 RM rechts str, 6 M kraus rechts str, 12 M glatt rechts str, 7 M kraus rechts str, 1 RM rechts str.

Anschließend die Arbeit locker abk, wie die M erscheinen. Den Arbeitsfaden abschneiden und durch die letzte M ziehen.

Linkes Vorderteil

Wie das rechte Vorderteil stricken, jedoch gegengleich.

Nun werden Rücken- und Vorderteil an der Schulter zusammengenäht. Dafür werden die sich jeweils gegenüberliegenden abgeketteten M im Maschenstich verbunden.

Ärmel

Mit einer kurzen Rundstrick-Nd 10,0 mm insgesamt 23 (25) M anschl und weiter in R im Rippenmuster str.
1.–9. R: 1 RM rechts str, * 1 M links, 1 M rechts *, ab * stets wdh, 1 RM rechts str.
10. R: Glatt rechts str und dabei wie folgt 21 (23) M zun: 1 RM rechts str, * 1 M rechts str, 1 M aus dem QF zun *, ab * stets wdh, 1 RM rechts str (= 44 (48) M).
11.–20. R: 1 RM rechts str, 9 (11) M kraus rechts str, 24 M glatt rechts str, 9 (11) M kraus rechts str, 1 RM rechts str.
21. R: 1 RM rechts str, 9 (11) M kraus rechts str, 24 M im Zopfmuster str, 9 (11) M kraus rechts str, 1 RM rechts str.
22.–28. R: 1 RM rechts str, 9 (11) M kraus rechts str, 24 M glatt rechts str, 9 (11) M kraus rechts str, 1 RM rechts str.
29. R: 1 RM rechts str, 9 (11) M kraus rechts str, 24 M im Zopfmuster str, 9 (11) M kraus rechts str, 1 RM rechts str.
30.–35. R: 1 RM rechts str, 9 (11) M kraus rechts str, 24 M glatt rechts str, 9 (11) M kraus rechts str, 1 RM rechts str.
Anschließend die Arbeit locker abk, wie die M erscheinen. Den Arbeitsfaden abschneiden und durch die letzte M ziehen.

Den zweiten Ärmel genauso stricken.

Fertigstellung

Die Ärmelnähte sowie die Seitennähte mit einer stumpfen Wollnadel im Matratzenstich schließen und dann die Ärmel annähen. Vorsichtig von Hand waschen, in Form ziehen und liegend trocknen lassen.

Tipp

Die Ärmel kannst du natürlich in deiner gewünschte Länge stricken.

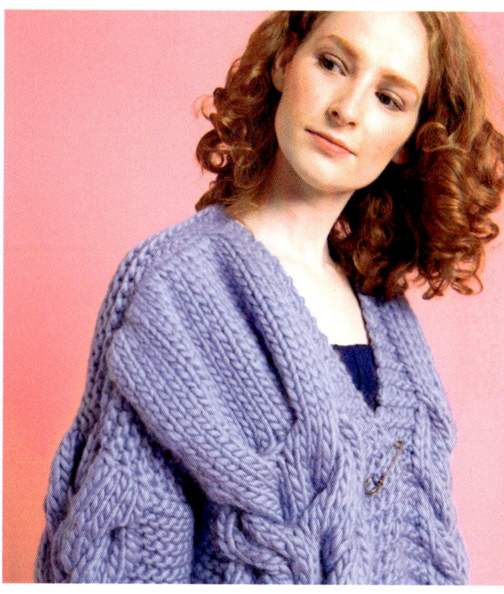

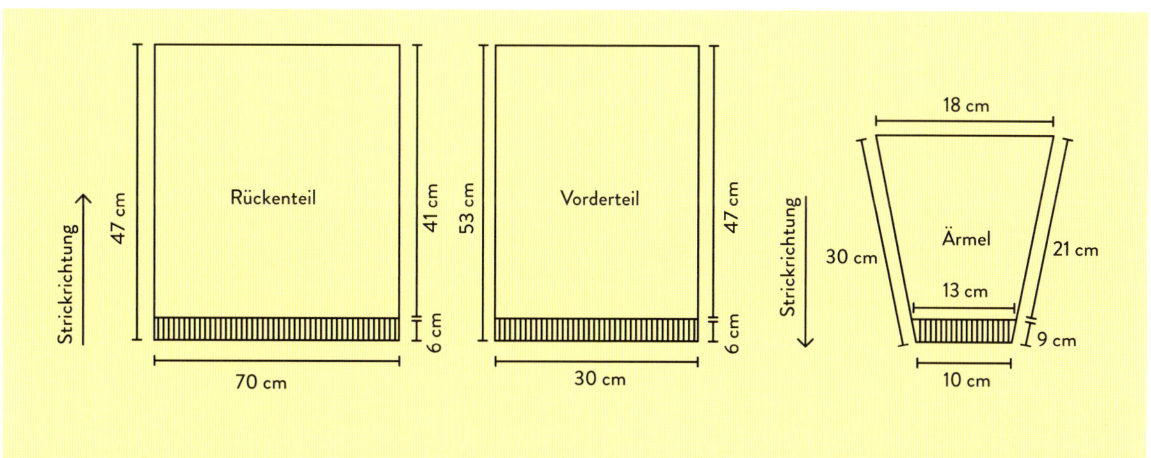

Handschuhe

Elnesa

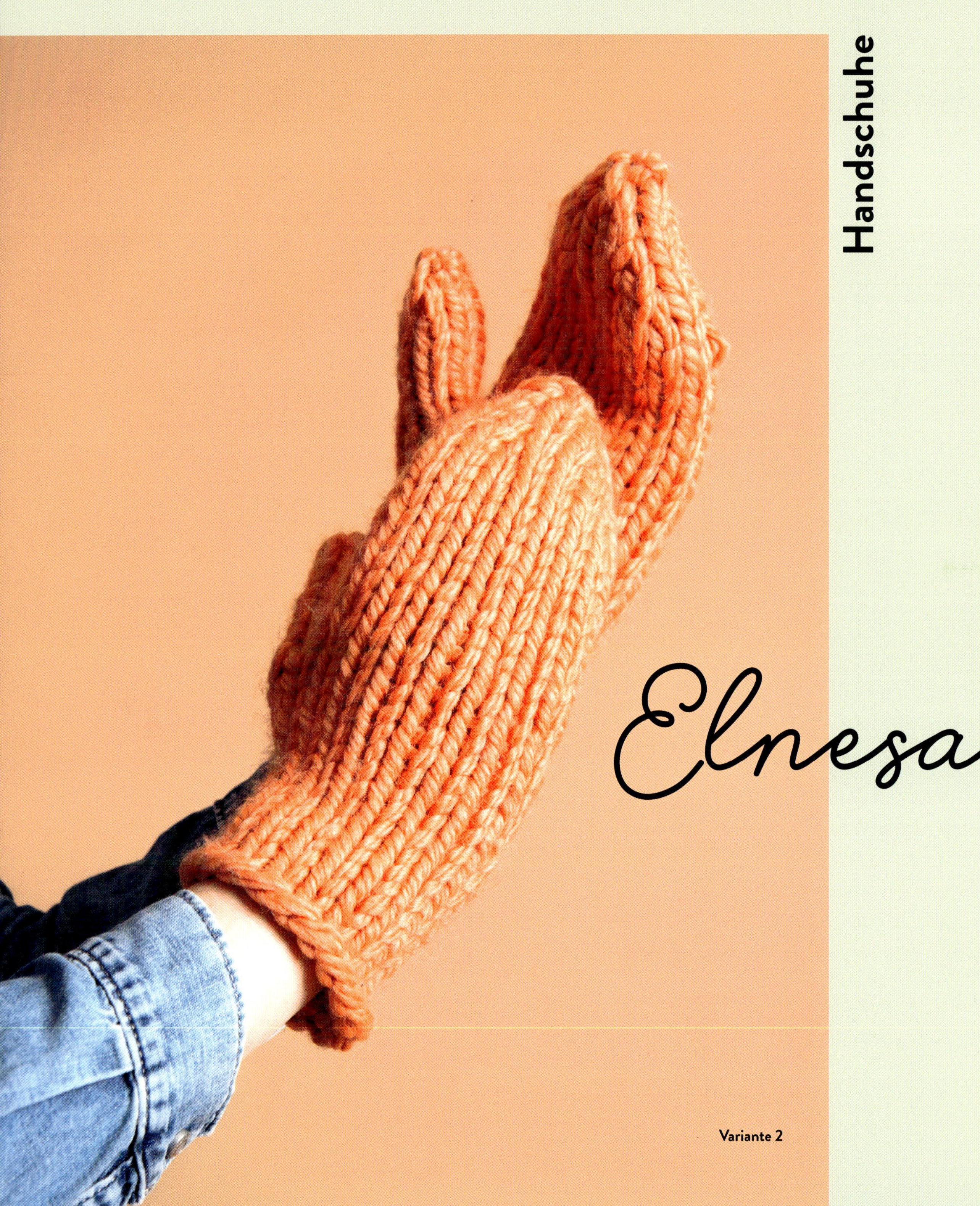

Variante 2

Diese süßen „old-style"-Handschuhe sind genau das Richtige für die kalte Jahreszeit, nicht nur stylisch, sondern auch weich! Die aneinanderliegenden Finger wärmen sich gegenseitig. Wer mag, der kann sich passend dazu eine farblich abgestimmte Mütze stricken, um das Gesamtbild abzurunden.

SCHWIERIGKEITSGRAD ✖✖✖ | GRÖSSE **S/M (L/XL)**

Hinweis: Die Angaben für die Größe S/M stehen vor der Klammer, für die Größen L/XL stehen die Angaben in der Klammer. Steht nur eine Angabe, gilt diese für alle Größen.

MASSE

Variante 1

Länge: ca. 28 cm
Breite: ca. 8,5 cm

Variante 2

Länge: ca. 25 cm
Breite: ca. 10 cm

Hinweis: Die Maßangaben gelten für die Größe S/M, die das Model auf dem Bild trägt.

MATERIAL

- Variante 1: BettaKnit Cool Wool (100 % Wolle, LL 80 m/200 g) in Serenity, 200 g
- Variante 2: Katia Tout de Suite (80 % Polyacryl, 20 % Wolle, LL 60 m/200 g) in Teal (Fb 125), 200 g
- Rundstricknadel 7,0 mm oder 10,0 mm, 80 cm lang
- Stumpfe Wollnadel
- Hilfsnadel
- Maßband
- Schere

STRICKWEISE

Die Handschuhe werden jeweils in einem Stück und in Runden gestrickt. Die erste Variante wird im Rippenmuster und glatt rechts gestrickt, die zweite Variante wird nur glatt rechts gestrickt.

MASCHENPROBE

Variante 1

Mit Nd 7,0 mm glatt rechts
10 M und 15 R = 10 x 10 cm

Variante 2

Mit Nd 10,0 mm glatt rechts
9 M und 13 R = 10 x 10 cm

GRUNDMUSTER

Glatt rechts in Rd: Rechte M str.
Rippenmuster 1/1: 1 M rechts, 1 M links im Wechsel str.

So geht's

VARIANTE 1

Handschuh linke Hand

Mit Nd 7,0 mm 17 (21) M anschl, zur Rd schließen und im Rippenmuster str.
1.–8. Rd: * 1 M rechts, 1 M links *, ab * stets wdh.
9.–20. Rd: Glatt rechts str.
21. Rd: 4 M für den Daumen auf eine Hilfs-Nd vor die Arbeit legen, 4 M neu anschl und weiter glatt rechts str.
22.–33. Rd: Glatt rechts str.
34. Rd: * 2 M rechts zusstr, 2 M glatt rechts str *, ab * stets wdh (= 12 (15) M).
35. Rd: Glatt rechts str.
36. Rd: * 2 M rechts zusstr, 1 M glatt rechts str *, ab * stets wdh (= 8 (10) M).
37. Rd: * 2 M rechts zusstr, 2 M rechts zusstr *, ab * stets wdh (= 4 (5) M).

Daumen

Zuerst die offenen 4 M von der Hilfs-Nd auf eine Rundstrick-Nd 7,0 mm versetzen, dann 6 M aus dem Rand der zuvor neu angeschlagenen M aufnehmen, um die Lücke zu schließen (= 10 M).
1. Rd: 3 M rechts, 2 M rechts zusstr, 3 M rechts, 2 M rechts zusstr (= 8 M).
2.–9. Rd: Glatt rechts str.
10. Rd: * 2 M rechts zusstr, 2 M rechts zusstr *, ab * stets wdh (= 4 M).

Handschuh rechte Hand

Wie den linken Handschuh str, jedoch gegengleich.

VARIANTE 2

Handschuh linke Hand

Mit Nd 10,0 mm 17 (21) M anschl zur Rd schließen und glatt rechts str.
1.–13. Rd: Glatt rechts str.
14. Rd: 4 M für den Daumen links auf eine Hilfs-Nd vor die Arbeit legen, 4 M neu anschl und weiter glatt rechts str.
15.–25. Rd: Glatt rechts str.
26. Rd: * 2 M rechts zusstr, 2 M rechts str *, ab * stets wdh (= 12 (15) M).
27. Rd: Glatt rechts str.
28. Rd: * 2 M rechts zusstr, 1 M rechts str *, ab * stets wdh (= 8 (10) M).
29. Rd: Glatt rechts str.
30. Rd: * 2 M rechts zusstr, 2 M rechts zusstr *, ab * stets wdh (= 4 (5) M).

Daumen

Zuerst die offenen 4 M von der Hilfs-Nd auf eine Rundstrick-Nd 10,0 mm versetzen, dann 6 M aus dem Rand der neu angeschlagenen M aufnehmen, um die Lücke zu schließen (= 10 M).
1. Rd: 3 M rechts, 2 M rechts zusstr, 3 M rechts, 2 M rechts zusstr (= 8 M).
2.–9. Rd: Glatt rechts str.
10. Rd: * 2 M rechts zusstr, 2 M rechts zusstr *, ab * stets wdh (= 4 M).

Handschuh rechte Hand

Wie den linken Handschuh str, jedoch gegengleich.

Fertigstellung

Den Arbeitsfaden durch alle Schlaufen ziehen, auf einem Faden sammeln und alles fest zusammenziehen. Die verbleibenden Fäden vernähen. Vorsichtig von Hand waschen, in Form bringen und liegend trocknen lassen.

Tipp

Wer sehr fest strickt, sollte eine größere Nadelstärke verwenden. Für Variante 1 Nd 9,0 mm und für Variante 2 Nd 12,0 mm.

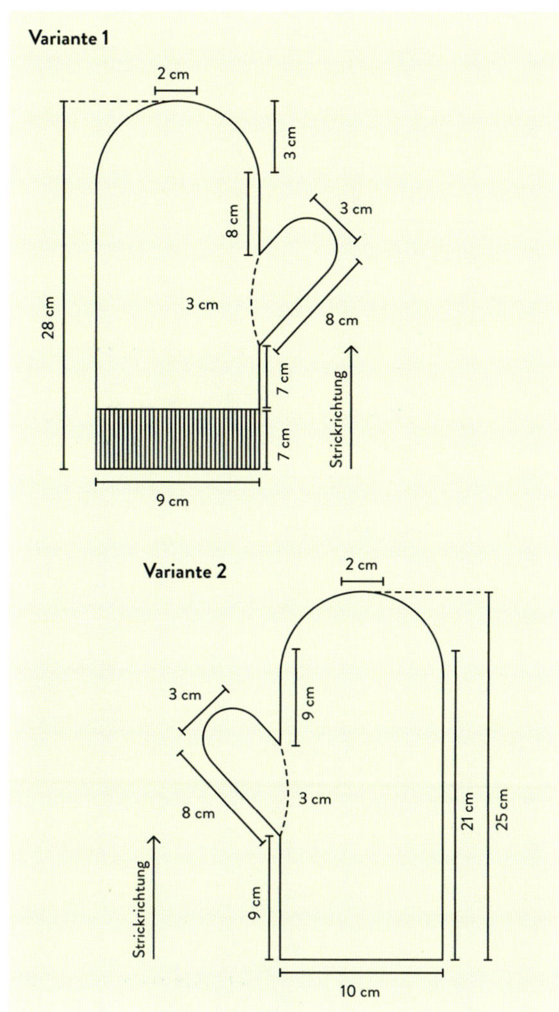

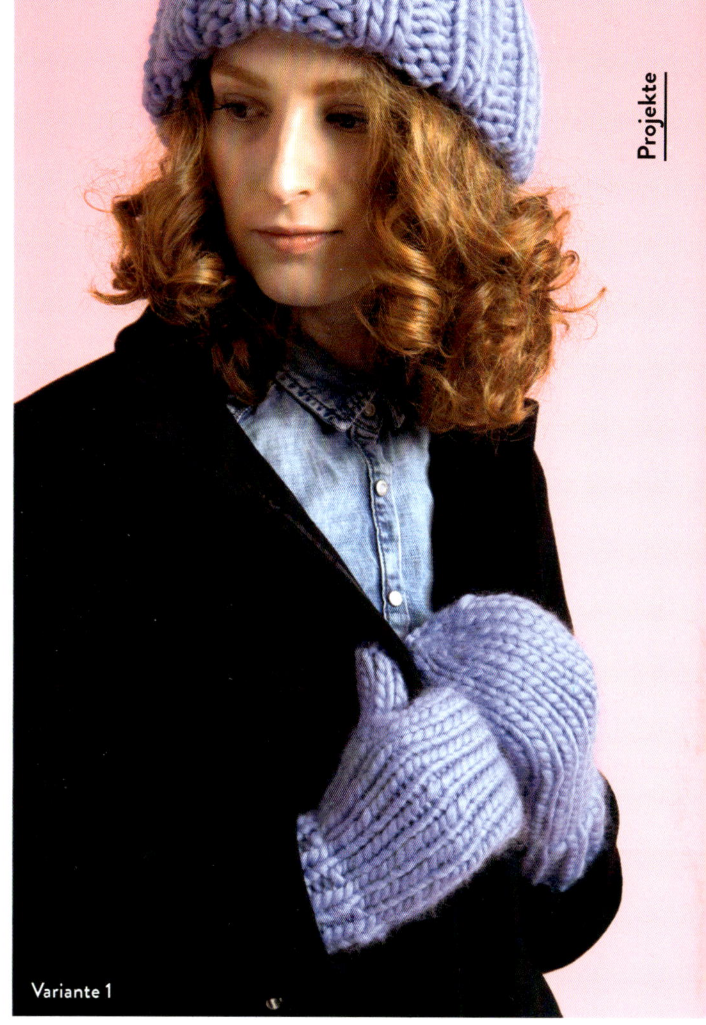
Variante 1

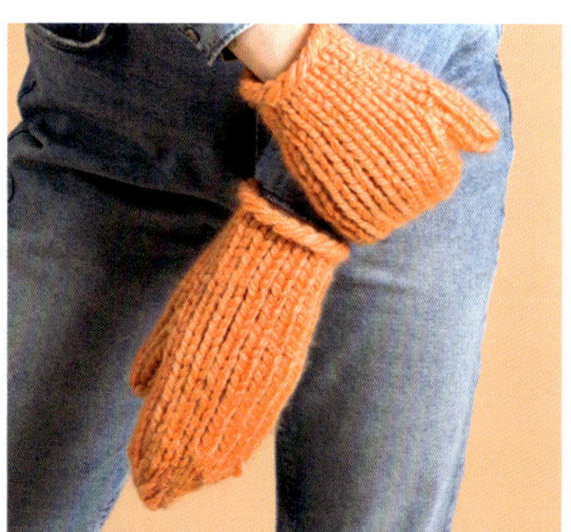

Größentabelle

GRÖSSE	HANDUMFANG (IN CM)
S	17–18
M	19–21
L	22
XL	23,5

Variante 2

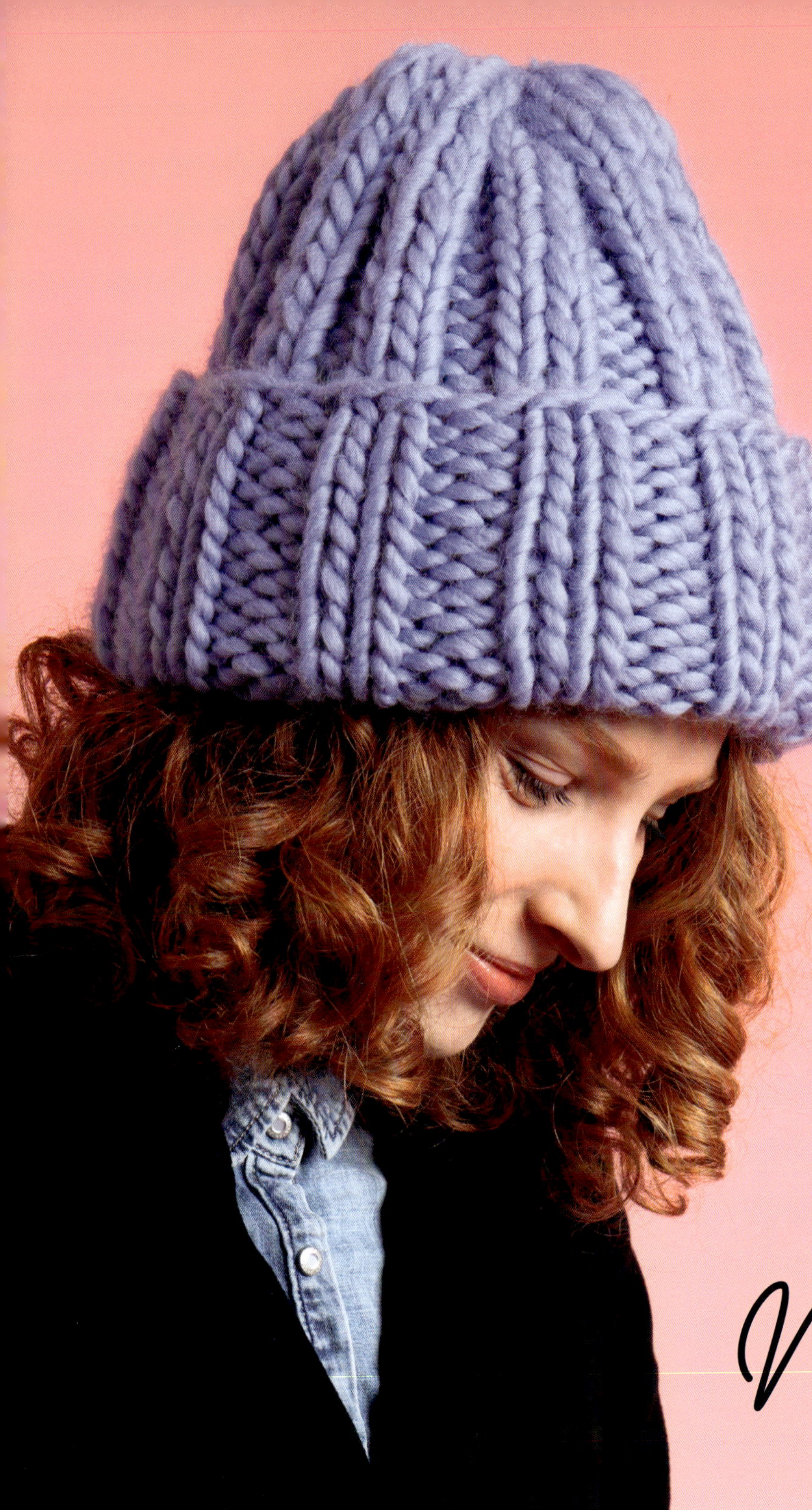

Mütze Miramo

Diese grob gestrickte Mütze ist ein Highlight des Winters. Der breite Umschlag und die grobe Struktur bereichern das Design mit moderner Optik.

SCHWIERIGKEITSGRAD ✖✖✖ | GRÖSSE **S/M (L/XL)**

Hinweis: Die Angaben für die Größe S/M stehen vor der Klammer, für die Größen L/XL stehen die Angaben in der Klammer. Steht nur eine Angabe, gilt diese für alle Größen.

MASSE

Variante 1

Länge insgesamt: ca. 30 cm
Breite insgesamt: ca. 17 cm

Variante 2

Länge insgesamt: ca. 35 cm
Breite insgesamt: ca. 20 cm

Hinweis: Die Maßangaben gelten für die Größe S/M, die das Model auf dem Bild trägt.

MATERIAL

- Variante 1: Katia Tout de Suite (80 % Polyacryl, 20 % Wolle; LL 60 m/200 g) in Teal (Fb 125), 200 g
- Variante 2: BettaKnit Cool Wool (100 % Wolle, LL 80 m/200 g) in Serenity, 200 g
- Rundstricknadel 10,0 mm, 60 cm lang
- Stumpfe Wollnadel
- Maßband
- Schere

STRICKWEISE

Die Mütze im groben Rippenmuster lässt sich schnell und unkompliziert stricken. Sie kann entweder in Runden oder in Reihen gestrickt werden.

MASCHENPROBE

Mit Nd 10,0 mm im Rippenmuster 2/2
9 M und 12 R = 10 x 10 cm

GRUNDMUSTER

Rippenmuster 2/2 in R: In Hin-R 2 M rechts, 2 M links im Wechsel str, in Rück-R die M str, wie sie erscheinen.
Rippenmuster 2/2 in Rd: 2 M rechts, 2 M links im Wechsel str.

So geht's

VARIANTE 1

Mit Nd 10,0 mm 41 (45) M anschl zur Rd schließen und im Rippenmuster str.

1.–30. Rd: * 2 M rechts, 2 M links *, ab * stets wdh.

31. Rd: * 2 M rechts zusstr, 2 M links zusstr *, ab * stets wdh (= 20 (22) M).

32. Rd: Alle M str, wie sie erscheinen.

33. Rd: In dieser Rd stets 2 M rechts zusstr (= 10 (11) M).

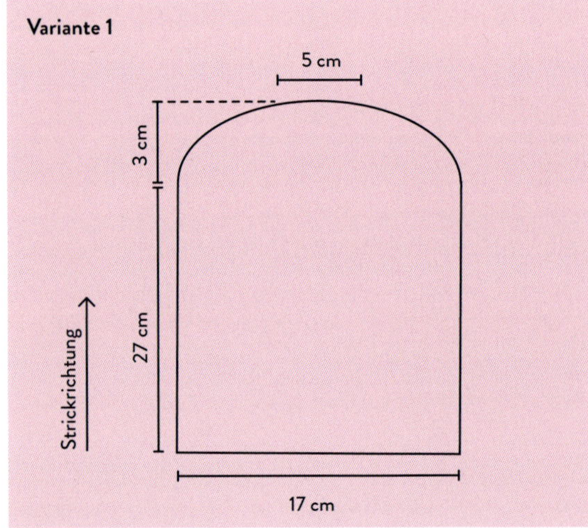

VARIANTE 2

Mit Nd 10,0 mm 40 (44) M anschl, nicht zur Rd schließen und im Rippenmuster str.

1.–11. R: 1 RM links abh, * 2 M rechts, 2 M links *, ab * stets wdh, 1 RM rechts str.

Ab hier wird das Muster umgekehrt, weiter wie folgt str:

12.–30. R: 1 RM links abh, * 2 M links, 2 M rechts *, ab * stets wdh, 1 RM rechts str.

31. R: 1 RM links abh, * 2 M links zusstr, 2 M rechts str *, ab * stets wdh, 1 RM rechts str (= 30 (33) M).

32. R: 1 RM links abh, alle M, wie sie erscheinen, str, 1 RM rechts str.

33. R: 1 RM links abh, * 1 M rechts str, 2 M rechts zusstr *, ab * stets wdh, 1 RM rechts str (= 21 (23) M).

34. R: 1 RM links abh, die verbliebene M links str, 1 RM rechts str.

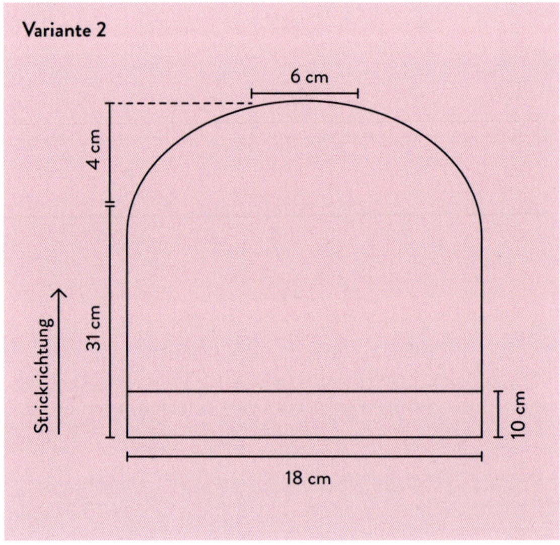

Fertigstellung

Bei Variante 2 die Mütze erst zusammennähen, dann den Arbeitsfaden durch alle Schlaufen ziehen, auf einem Faden sammeln und fest zusammenziehen. Die verbleibenden Fäden vernähen. Vorsichtig von Hand waschen, in Form bringen und liegend trocknen lassen.

Tipp

Gerne kannst du noch einen Pompon mit einem Durchmesser von ca. 5–7 cm aus derselben Wolle basteln und oben auf der Mütze annähen. Bei sehr fester Stricktechnik lieber eine Nd 12,0 mm verwenden, dadurch wird die Mütze weicher und die Textur weniger steif.

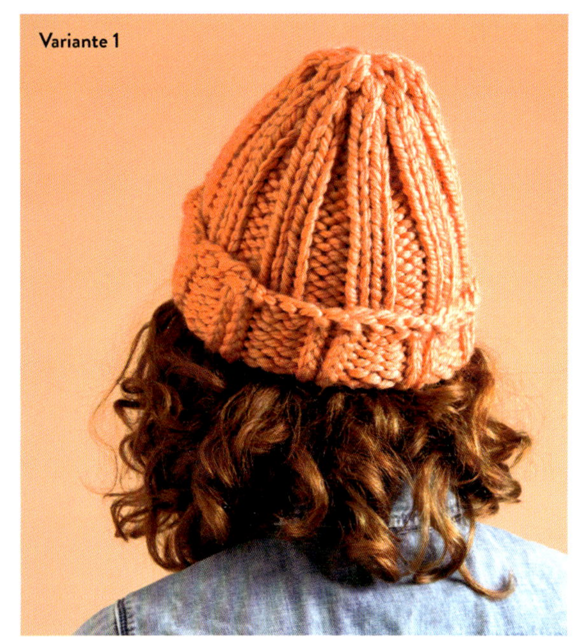
Variante 1

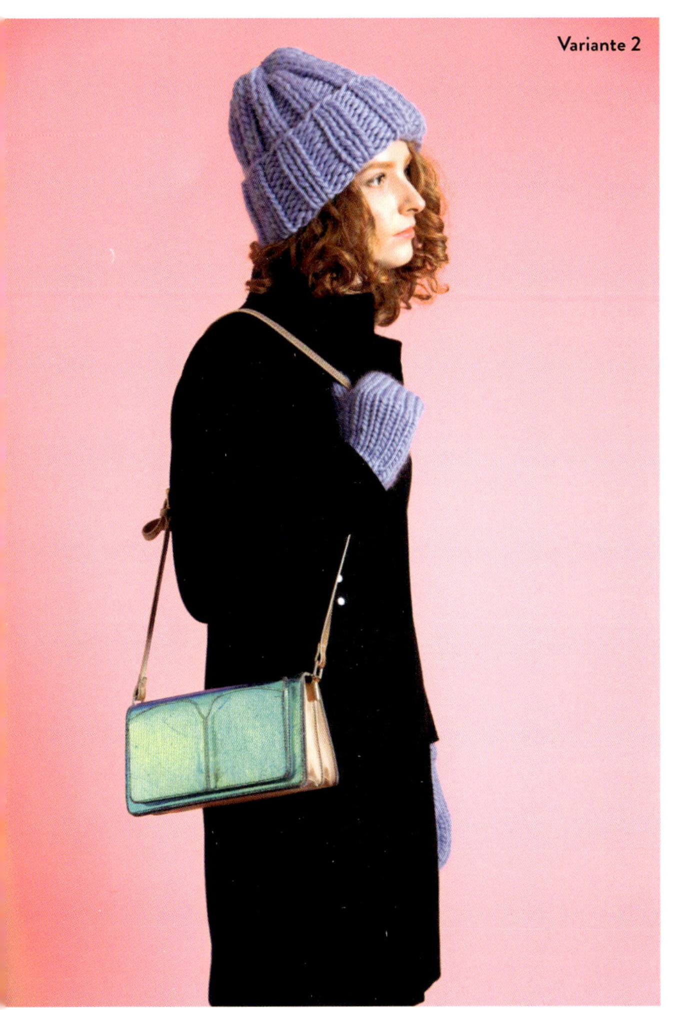
Variante 2

Größentabelle

GRÖSSE	KOPFUMFANG (IN CM)
S	54–55
M	56–57
L	58–59
XL	60–61

Schal

Lauren

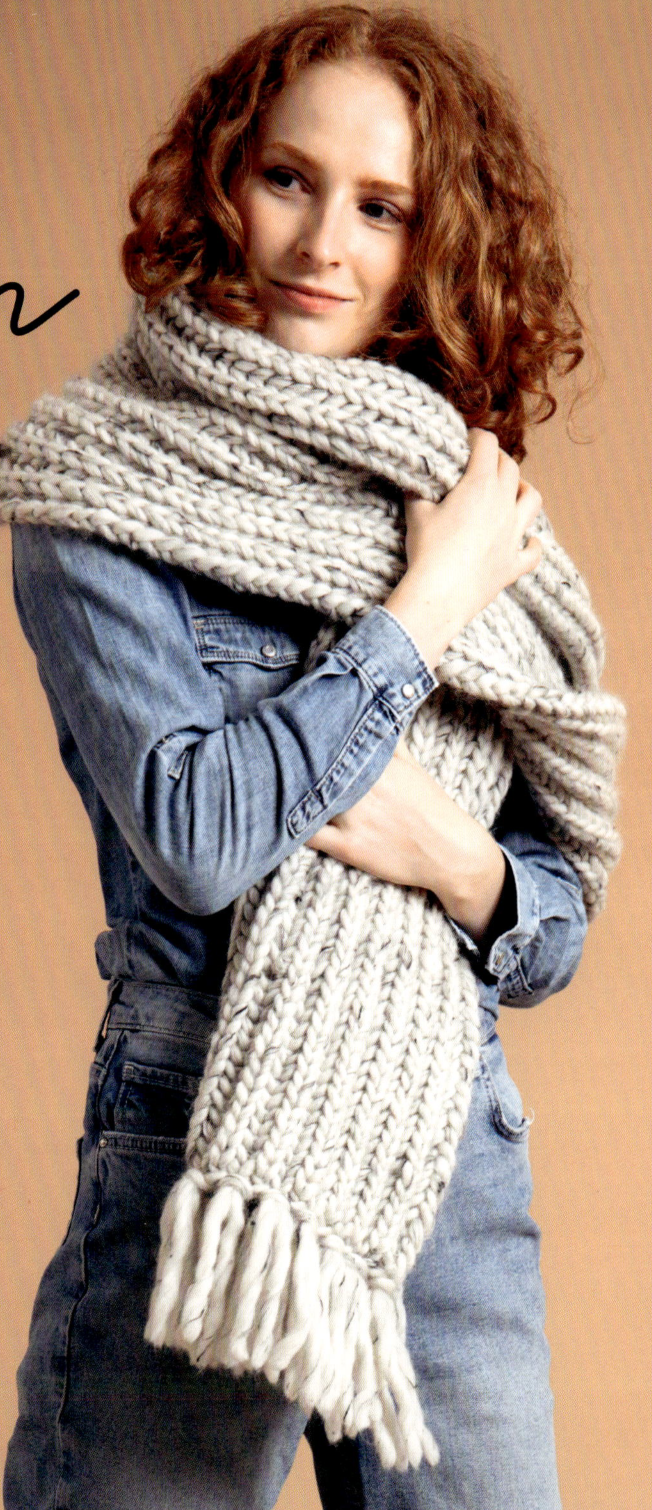

Man kann nie genug Accessoires haben. Dieses kuschlige neue Teil dürfte schnell ein Lieblingsstück werden!

SCHWIERIGKEITSGRAD ✖✖✖ | GRÖSSE **ONE SIZE**

MASSE

Länge ohne Fransen: ca. 170 cm
Breite insgesamt: ca. 32 cm
Fransen: ca. 13 cm.

MATERIAL

- Wool and The Gang Crazy Sexy Wool (95 % Wolle, 5 % Viscose, LL 80 m/200 g) in Salt and Pepper (Fb 831213), 800 g
- Rundstricknadel 12,0 mm, 60 cm lang
- Häkelnadel 9,0 mm
- Stumpfe Wollnadel
- Maßband
- Schere

STRICKWEISE

Das superelastische Patentmuster ist perfekt für einen Schal, denn dadurch zeigen Vorder- und Rückseite das gleiche Maschenbild. Der Oversize-Schal wird bis zur gewünschten Länge (ca. 170 cm) gestrickt. Am Schluss werden an jedem Ende Fransen eingeknüpft.

MASCHENPROBE

Mit Nd 12,0 mm im Patentmuster
9 M und 10 R = 10 x 10 cm

GRUNDMUSTER

Patentmuster:
1. R: 1 M mit U links abh und 1 M mit dem U der Vor-R rechts zusstr, die R mit 1 M mit 1 U links abh beenden.
2. R: Im Wechsel 1 M mit dem U der Vor-R rechts zusstr und 1 M mit U links abh, letzte M mit dem U der Vor-R rechts zusstr.

So geht's

Schal

Mit Nd 12,0 mm 25 M anschl.

1. R: * 1 M rechts, 1 M mit 1 U links abh *, ab * stets wdh, 1 M rechts str.

2. R: * 1 M mit 1 U links abh, 1 M ZUre *, ab * stets wdh, 1 M mit 1 U links abh.

3. R: * 1 M ZUre, 1 M mit 1 U links abh *, ab * stets wdh, 1 M ZUre.

Die 2.–3. R fortlaufend wdh, bis insgesamt 170 cm gestrickt sind. Anschließend die Arbeit locker abk, wie die M erscheinen. Den Arbeitsfaden abschneiden und durch die letzte M ziehen.

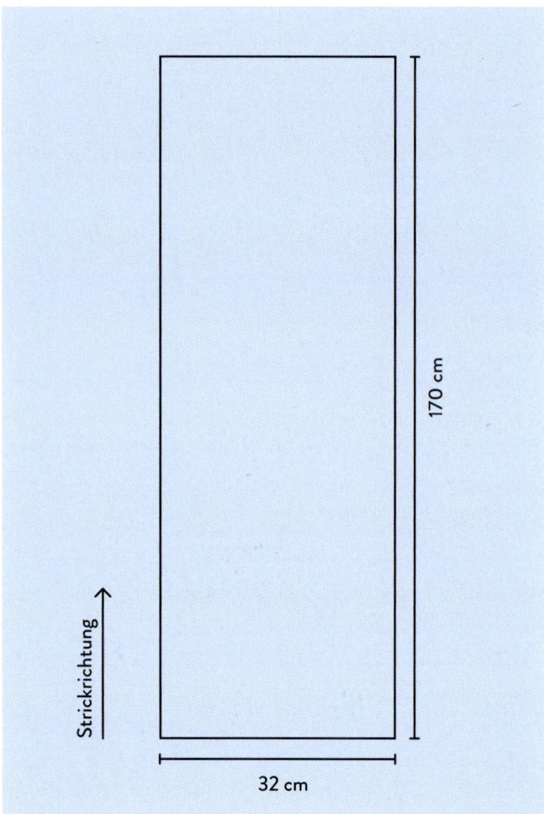

Fransen

Für 1 Franse 2 Fäden von 30 cm Länge zuschneiden. Die Fäden zur Hälfte legen und die entstandene Schlinge mit der Häkel-Nd durch den Strickrand ziehen. Das doppelte Fadenende durch die Schlinge führen und die Franse fest anziehen. Die fertige Fransenlänge liegt bei ca. 13 cm.

Fertigstellung

Die verbleibenden Fäden möglichst schön und unsichtbar vernähen. Mit der Häkel-Nd in jeder zweiten M 1 Franse einknüpfen (also ca. 13 Fransen pro Seite).

Tipp

Wer einen schmaleren Schal stricken möchte, kann nur etwa die Hälfte der Maschen anschlagen und in der gewünschten Länge stricken. Damit werden nur zwei Wollknäuel benötigt.

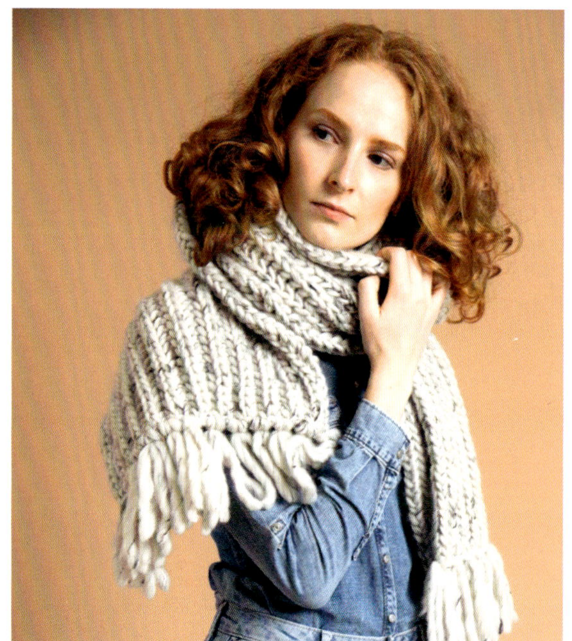

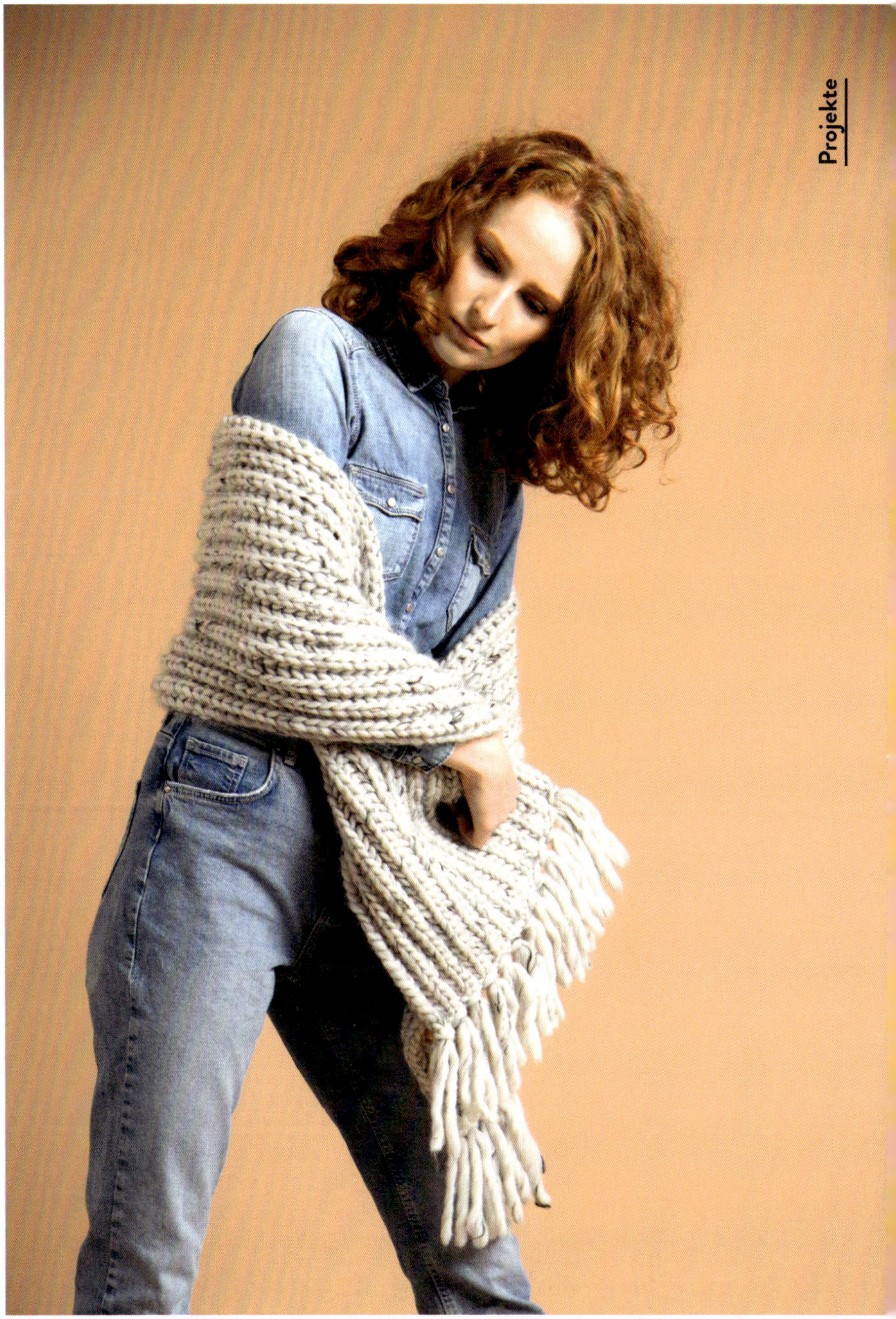

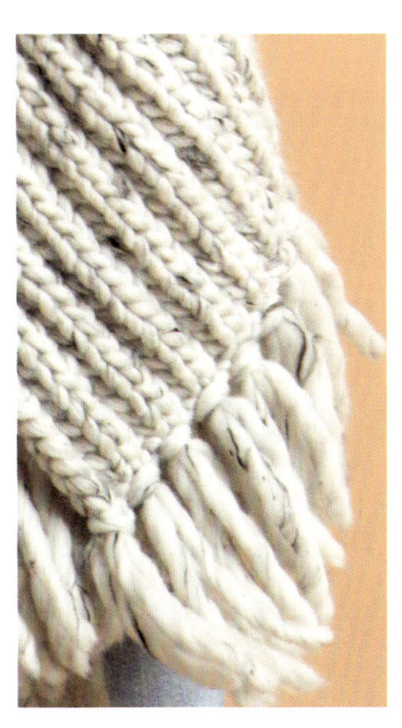

Strickjacke

Milo

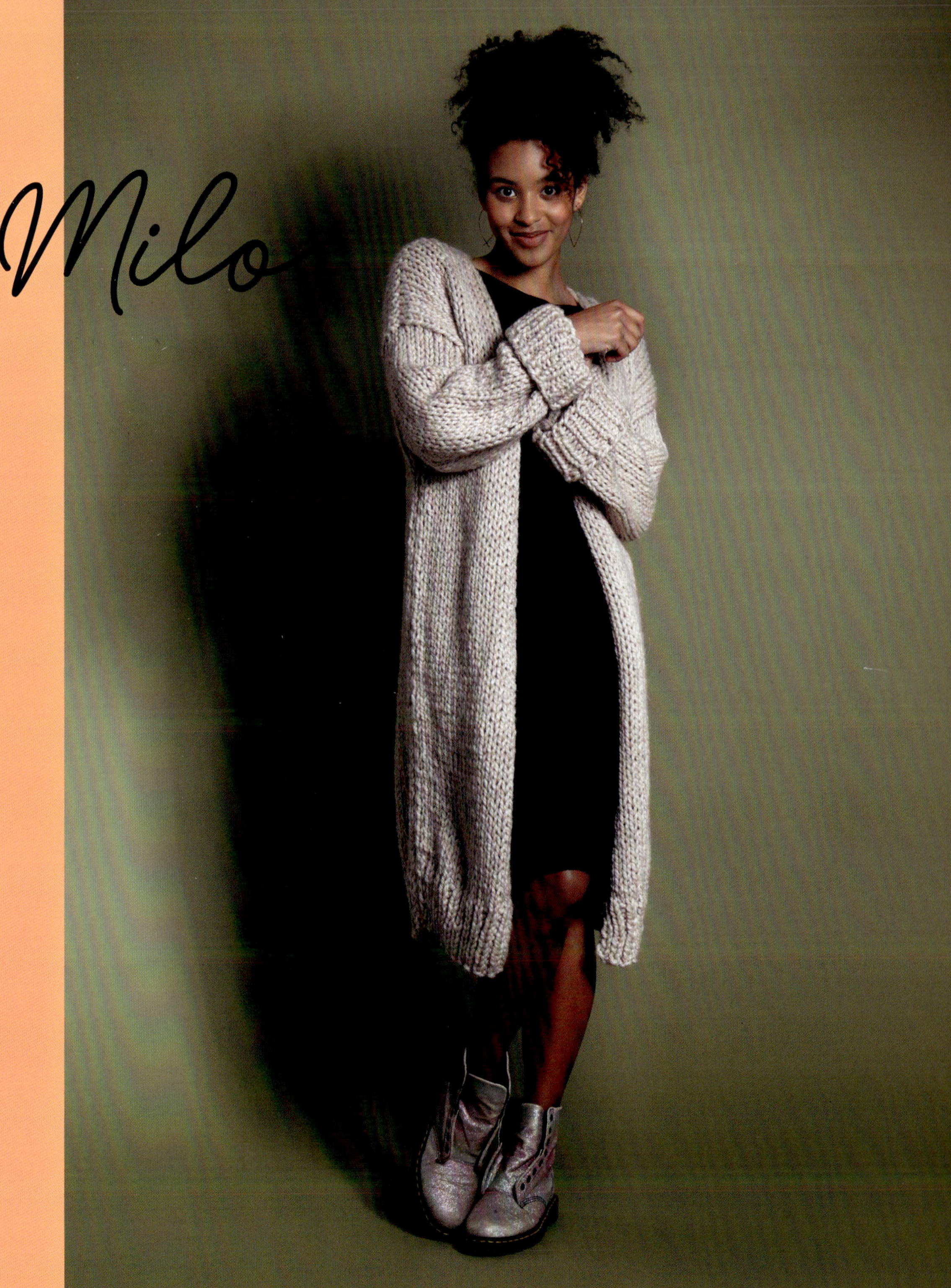

Diese Outdoorjacke ist echte Wohlfühlmode in Oversize. Das Modell passt jedem und ist einfach bequem und kuschlig. Wenn es morgens noch frisch ist, schnell die Outdoorjacke überziehen und das Outfit ist perfekt.

SCHWIERIGKEITSGRAD ✖✖✖ | GRÖSSE **S/M (L/XL)**

Hinweis: Die Angaben für die Größe S/M stehen vor der Klammer, für die Größen L/XL stehen die Angaben in der Klammer. Steht nur eine Angabe, gilt diese für alle Größen.

MASSE

Länge insgesamt: ca. 90 cm
Breite insgesamt: ca. 60 cm
Ärmellänge insgesamt: ca. 50 cm
von Achsel bis Bündchen (Rand): ca. 63 cm

Hinweis: Die Maßangaben gelten für die Größe S/M, die das Model auf dem Bild trägt.

MATERIAL

- Rico Design Creative Twist Super Chunky (80 % Polyacryl, 20 % Alpaka, LL 75 m/100 g) in Nature (Fb 001), 1500 (1600) g
- Rundstricknadel 10,0 mm, 80 cm und 60 cm lang
- Stumpfe Wollnadel
- Maßband
- Schere

STRICKWEISE

Der Cardigan wird glatt rechts mit nur einer Nadelstärke gestrickt. Er besteht aus drei großen Teilen und zwei Ärmeln.

MASCHENPROBE

Mit Nd 10,0 mm glatt rechts
9 M und 12 R = 10 x 10 cm

GRUNDMUSTER

Rippenmuster 1/1: 1 M rechts, 1 M links im Wechsel str.
Glatt rechts in R: In Hin-R rechte M, in Rück-R linke M str.

So geht's

Rückenteil

Mit Nd 10,0 mm 39 (55) M anschl und im Rippenmuster str.
1.–10. R: 1 RM links abh, * 1 M rechts, 1 M links *, ab * stets wdh, 1 RM rechts str.
Nun glatt rechts weiterstr.
11.–90. R: 1 RM links abh, glatt rechts str, 1 RM rechts str.
Anschließend die Arbeit locker abk, wie die M erscheinen. Den Arbeitsfaden abschneiden und durch die letzte M ziehen.

Linkes Vorderteil

Mit Nd 10,0 mm 25 (35) M anschl und im Rippenmuster str.
1.–10. R: 1 RM links abh, * 1 M rechts, 1 M links *, ab * stets wdh, 1 RM rechts str.
Nun glatt rechts weiterstr.
11.–70. (66.) R: 1 RM links abh, glatt rechts str, 1 RM rechts str.
Für den V-Ausschnitt am vorderen Rand abn, indem neben der RM 2 M zusstr werden.
71.–90. (67.–90.) R: in jeder 2. R 10 (12)x je 1 M abn.
Nach allen Abn sind 15 (23) M übrig. Anschließend die Arbeit locker abk, wie die M erscheinen. Den Arbeitsfaden abschneiden und durch die letzte M ziehen.

Rechtes Vorderteil

Wie das linke Vorderteil stricken, jedoch gegengleich.
Nun werden Rückenteil und Vorderteile an der Schulter mit dem Maschenstich zusammengenäht.

Ärmel

Mit einer kurzen Rundstrick-Nd 10,0 mm aus den RM des Vorder- und Rückenteils, an der Schulternaht beginnen und durch den Rand neue M auf die Nd aufn:
Variante 1: 29 (37) M anschl.
Variante 2: 28 (36) M anschl.

VARIANTE 1

Zur Rd schließen und in Rd str

1.–42. Rd: Glatt rechts str.
43.–52. Rd: * 1 M rechts, 1 M links *, ab* stets wdh.
Anschließend die Arbeit locker abk, wie die M erscheinen. Den Arbeitsfaden abschneiden und durch die letzte M ziehen.

VARIANTE 2

Weiter in R str

1.–42. R: 1 RM links abh, glatt rechts str, 1 RM rechts str.
43.–52. R: 1 RM links abh, * 1 M rechts, 1 M links *, ab * stets wdh, 1 RM rechts str.
Anschließend die Arbeit locker abk, wie die M erscheinen. Den Arbeitsfaden abschneiden und durch die letzte M ziehen.

Fertigstellung

Die Ärmelnähte (bei Variante 2) sowie die Seitennähte mit einer stumpfen Wollnadel im Matratzenstich schließen. Die verbleibenden Fäden vernähen. Vorsichtig von Hand waschen, in Form bringen und liegend trocknen lassen.

Tipp

Mit einer Sicherheitsnadel oder Brosche kannst du den Cardigan an der Vorderseite schließen.

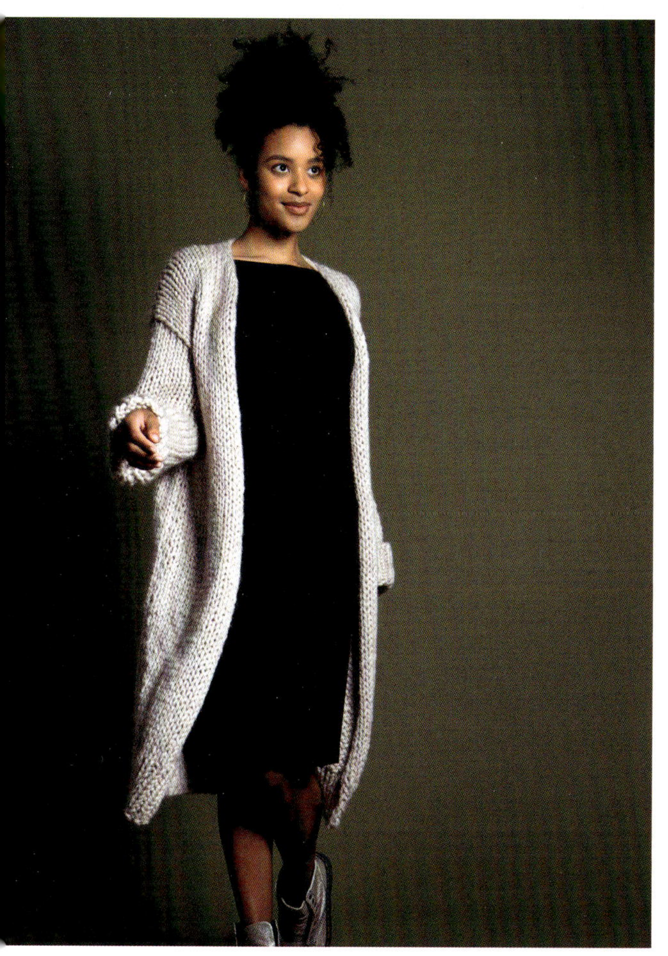

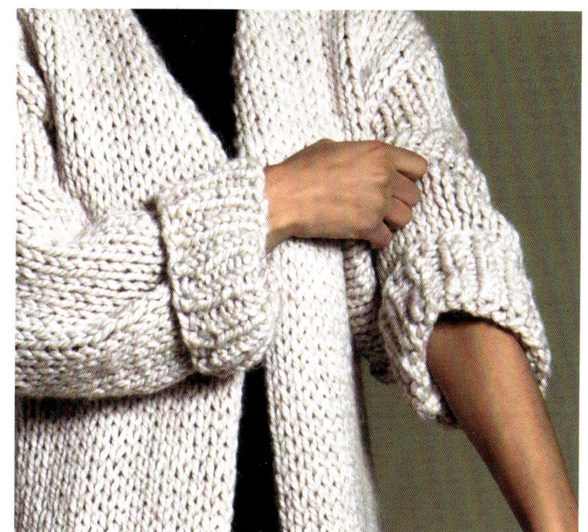

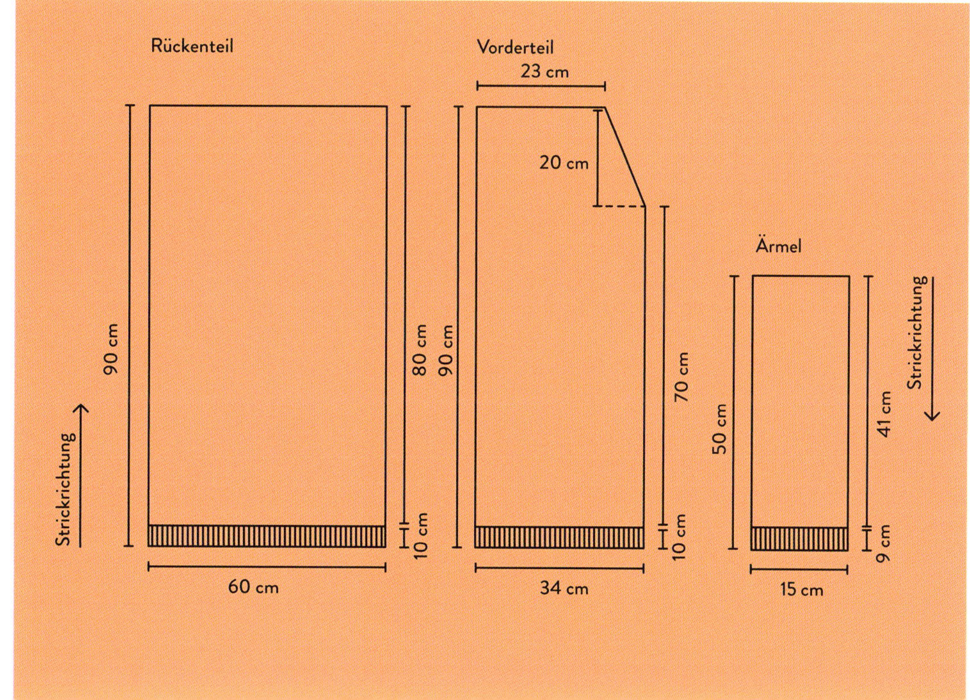
Rückenteil
90 cm
80 cm
10 cm
60 cm
Strickrichtung
Vorderteil
23 cm
20 cm
90 cm
70 cm
10 cm
34 cm
Ärmel
50 cm
41 cm
9 cm
15 cm
Strickrichtung

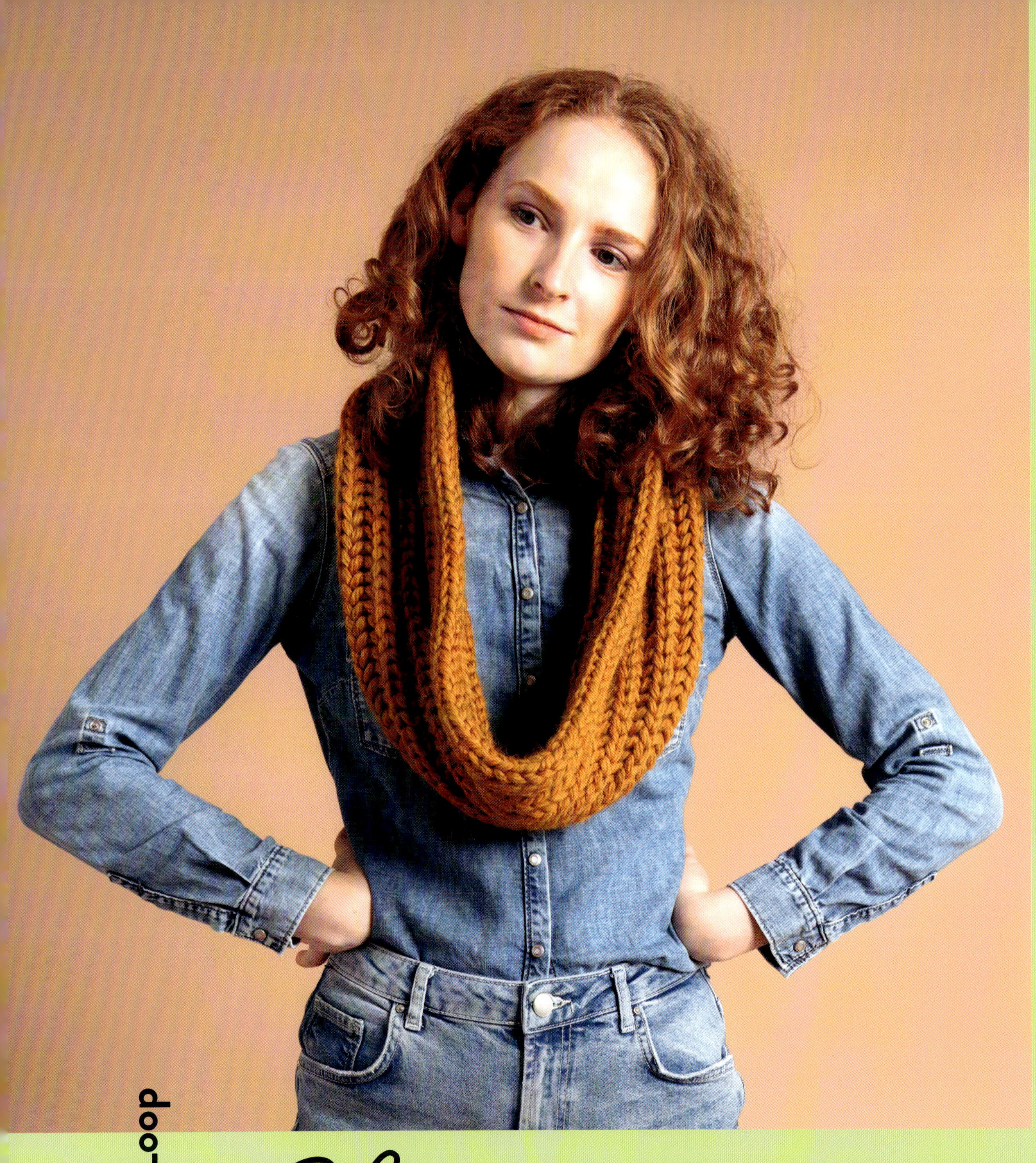

Loop

Clea

Dieser Loop ist ratzfatz gestrickt und hält unglaublich warm. Keine Frage, dass er auch sehr stylisch daherkommt und jedes Winteroutfit abrundet. Am besten in vielen Farben stricken.

SCHWIERIGKEITSGRAD ✖✖✖

MASSE

Länge insgesamt: ca. 100 cm
Breite insgesamt: ca. 21 cm

MATERIAL

- Rico Design Fashion Alpaca Cozy up! (45 % Polyacryl, 40 % Alpaka, 15 % Wolle, LL 47 m/100 g) in Senf (Fb 004), 250 g
- Rundstricknadel 10,0 mm, 60 cm lang
- Stumpfe Wollnadel
- Maßband
- Schere

STRICKWEISE

Der Loop wird am Stück gestrickt. Die Rippenstruktur entsteht durch das schöne Patentmuster mit 2 Maschen Patentrand.

MASCHENPROBE

Mit Nd 10,0 mm Patentmuster
8 M und 10 R = 10 x 10 cm

GRUNDMUSTER

2 Maschen-Patentrand (RM):
Am Anfang jeder R 1 M wie zum links str abh (den Faden vor der Arbeit halten), die nächste M rechts str.
Am Ende jeder R die vorletzte M wie zum links str abh (den Faden vor der Arbeit halten), die letzte M rechts str.
Patentmuster:
1. R: 2 M Patentrand, * 1 M rechts str, 1 M mit 1 U links abh *, ab * stets wdh, 1 M rechts str, 2 M Patentrand.
2. R: 2 M Patentrand, * 1 M mit 1 U links abh, 1 M ZUre *, ab * stets wdh, 1 M mit 1 U links abh, 2 M Patentrand.
3. R: 2 M Patentrand, * 1 M ZUre, 1 M mit 1 U links abh *, ab * stets wdh, 1 M ZUre, 2 M Patentrand.

So geht's

Mit Nd 10,0 mm 15 (15, 17, 19) M anschl.
1. R: 2 M Patentrand, * 1 M rechts str, 1 M mit 1 U links abh *, ab * stets wdh, 1 M rechts str, 2 M Patentrand.
2. R: 2 M Patentrand, * 1 M mit 1 U links abh, 1 M ZUre *, ab * stets wdh, 1 M mit 1 U links abh, 2 M Patentrand.
3. R: 2 M Patentrand, * 1 M ZUre, 1 M mit 1 U links abh *, ab * stets wdh, 1 M ZUre, 2 M Patentrand.
Die 2.–3. R fortlaufend wdh, bis insgesamt 88 (94, 100, 106) R (ca. 95 (100, 105, 110) cm) gestrickt sind. Anschließend die Arbeit locker abk, wie die M erscheinen. Den Arbeitsfaden abschneiden und durch die letzte M ziehen.

Fertigstellung

Nun wird das Strickstück an den Schmalseiten im Matratzenstich zusammengenäht. Alle Fäden möglichst unsichtbar vernähen und schon ist der Loop bereit zum Anziehen.

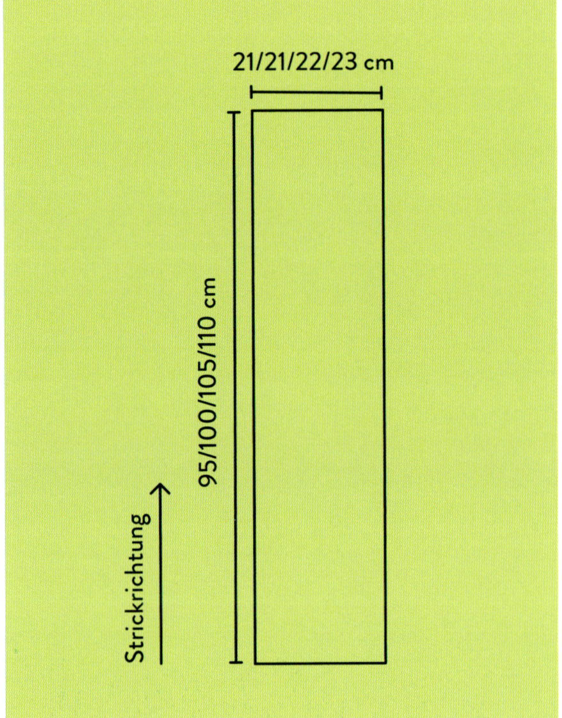

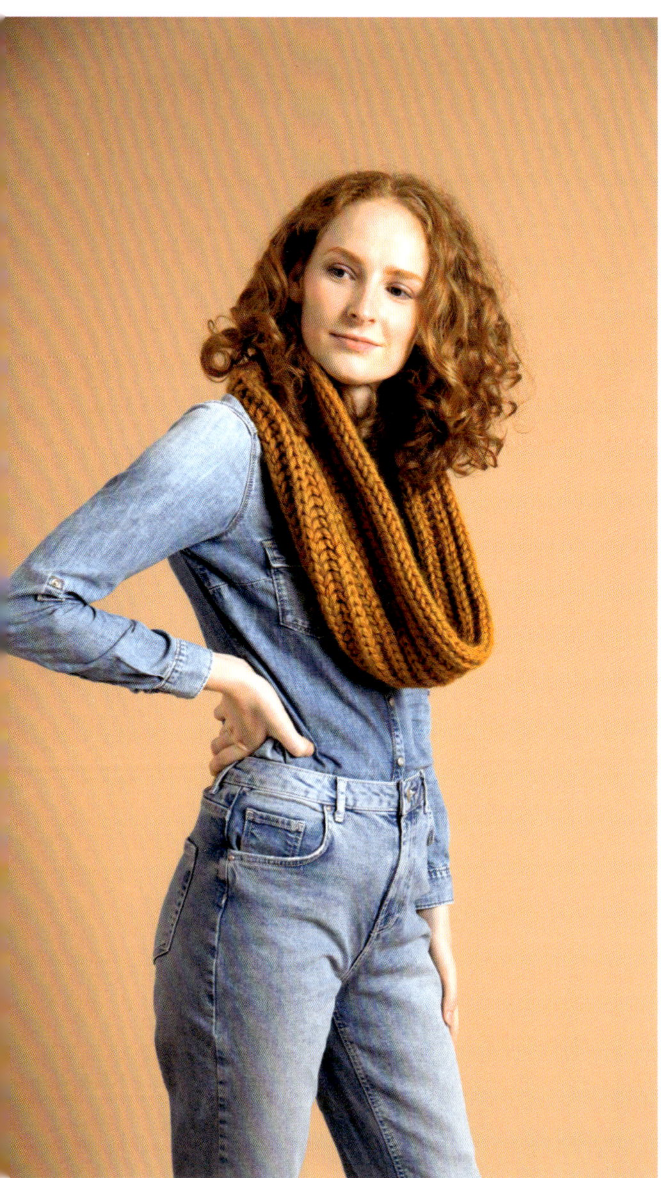

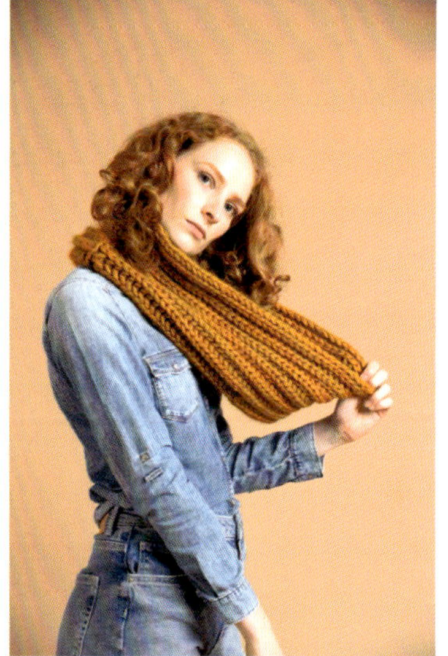

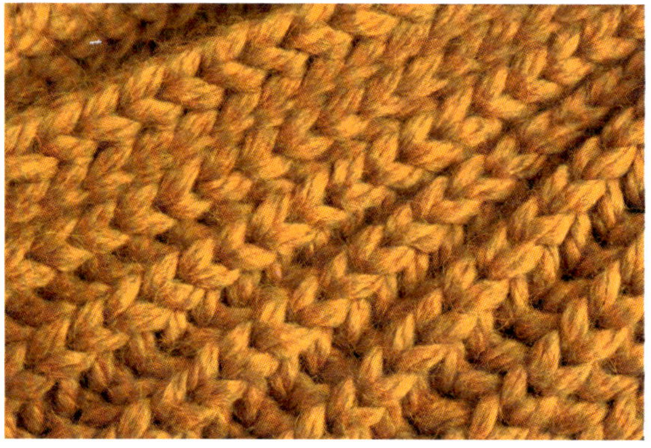

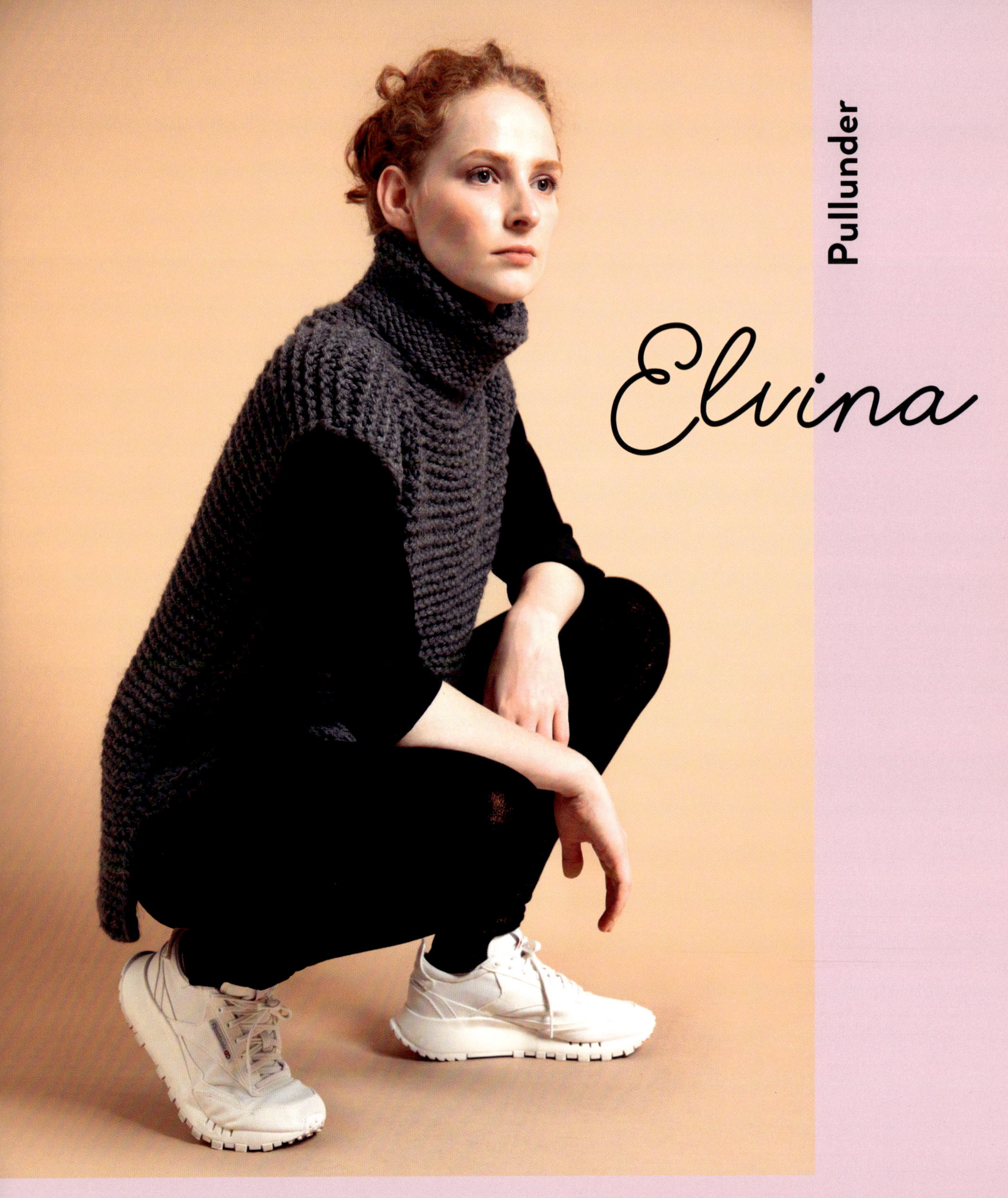

Elvina

Pullunder

Mal etwas anderes anziehen, etwas Außergewöhnliches! Dieses Strickstück findet bestimmt einen besonderen Platz in jeder Garderobe. Schon beim ersten Anziehen kann man sich verlieben, und ausziehen willst du es auch nicht mehr.

SCHWIERIGKEITSGRAD ✖✖✖ | GRÖSSE **S/M (L/XL)**

Hinweis: Die Angaben für die Größe S/M stehen vor der Klammer, für die Größen L/XL stehen die Angaben in der Klammer. Steht nur eine Angabe, gilt diese für alle Größen.

MASSE

Länge Vorderseite insgesamt: ca. 48 cm
Länge Rückenseite insgesamt: ca. 64 cm
Länge Rollkragen insgesamt: ca. 23 cm
Breite Rollkragen: ca. 19 cm
Breite insgesamt: ca. 52 cm
von Achsel bis Rand (Vorderseite): ca. 32 cm

Hinweis: Die Maßangaben gelten für die Größe S/M, die das Model auf dem Bild trägt.

MATERIAL

- Lang Yarns Wooladdicts Fire (98 % Schurwolle, 2 % Polyester, LL 75 m/100 g) in Grau Melange (Fb 0005), 700 (800) g
- Rundstricknadel 7,0 mm und 10,0 mm, 60 cm und 80 cm lang
- Stumpfe Wollnadel
- Hilfsnadel
- Maßband
- Schere

STRICKWEISE

Der Pullunder wird in zwei großen Teilen gestrickt, mit sehr kuschliger Wolle für den Extra-Tragekomfort. Dieses minimalistische Design ist auch bestens für Anfänger geeignet.

MASCHENPROBE

Mit Nd 10,0 mm kraus rechts
9 M und 15 R = 10 x 10 cm

Mit Nd 7,0 mm kraus rechts
11 M und 17 R = 10 x 10 cm

GRUNDMUSTER

Kraus rechts: In Hin-R und Rück-R rechte M str.

So geht's

Vorderteil

Mit Nd 10,0 mm 45 (59) M anschl.
1.–80. (95.) R: 1 RM links abh, kraus rechts, 1 RM rechts str.
Die ersten 15 (20) M locker abk, die nächsten 15 (19) M auf eine Hilfs-Nd vor die Arbeit legen, die letzten 15 (20) M locker abk.

Rückenteil

Mit Nd 10,0 mm 45 (59) M anschl.
1.–100. (115.) R: 1 RM links abh, kraus rechts, 1 RM rechts str.
Die ersten 15 (20) M locker abk, die nächsten 15 (19) M auf eine Hilfs-Nd vor die Arbeit legen, die letzten 15 (20) M locker abk.

Nun werden Rücken- und Vorderteil an der Schulter zusammengenäht. Dafür werden die sich jeweils gegenüberliegenden abgeketteten M im Maschenstich verbunden.

Tipp

Den Rollkragen kannst du in beliebiger Länge stricken oder auch ganz weglassen und zum Beispiel einfach eine weiße Bluse darunter anziehen. Es sollten dann alle Abschlusskanten mit einer Reihe Kettmaschen umhäkelt werden, damit die Ränder schöner aussehen und länger halten.

Rollkragen

Zuerst die offenen 15 (19) M des Rückenteils von der Hilfs-Nd auf eine Rundstrick-Nd 7,0 mm versetzen, dann 3 M aus der linken Schulternaht zun, um die Lücke zu schließen, daraufhin die offenen 15 (19) M des Vorderteils auffassen und zuletzt 3 M aus der rechten Schulternaht zun (= 36 (44) M). Zur Rd schließen und weiter in Rd str.

1.–40. Rd: Kraus rechts str.

Alle M möglichst locker abk.

Fertigstellung

Die unteren 20 R des Rückenteils frei lassen. Die nächsten 50 (57) R mit den unteren 50 R des Vorderteils im Matratzenstich verbinden. Die verbliebenen 30 (37) R für den Armausschnitt offen lassen. Die restlichen Fäden vernähen.

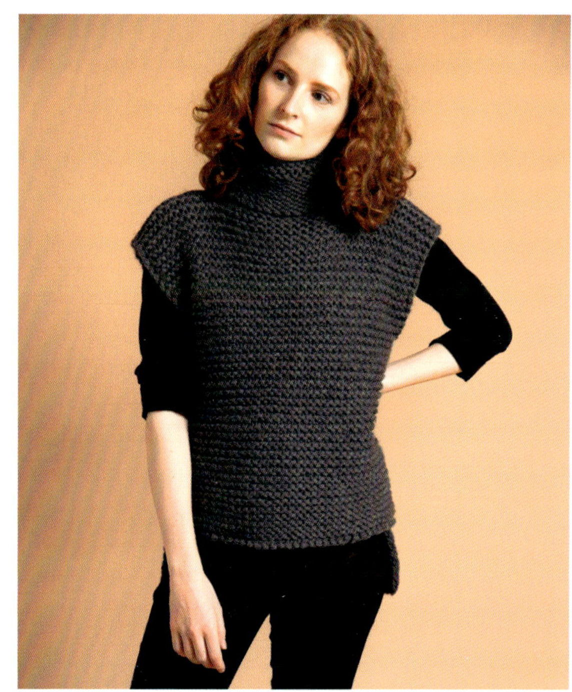

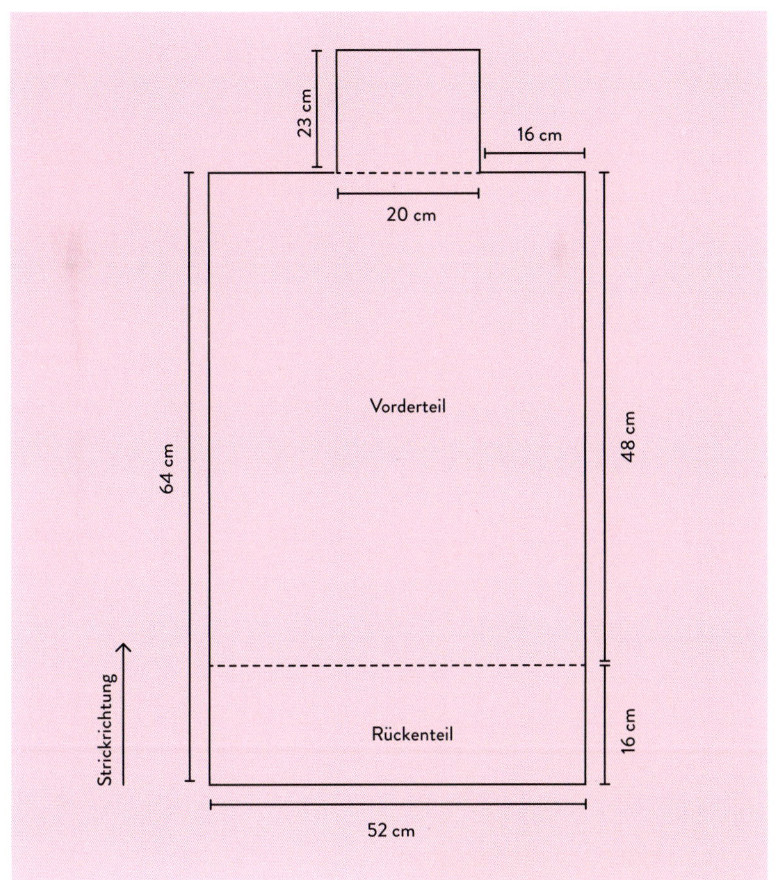
23 cm
16 cm
20 cm
Vorderteil
64 cm
48 cm
Strickrichtung
Rückenteil
16 cm
52 cm

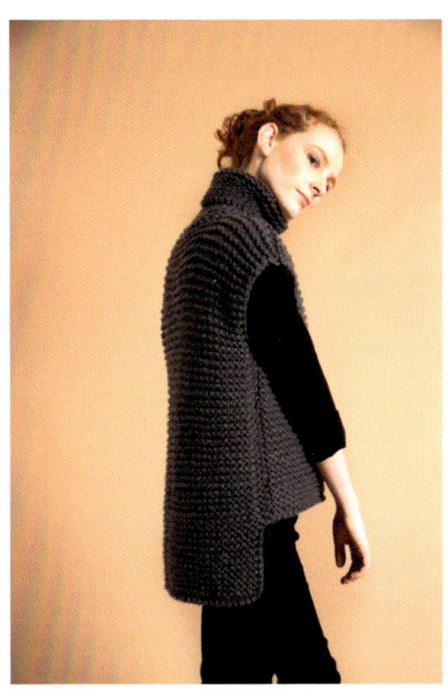

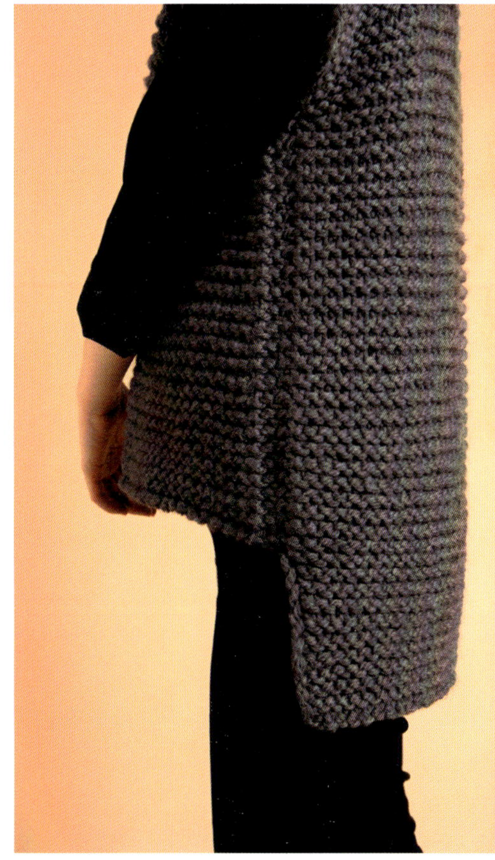

Unterziehrolli

Reeka

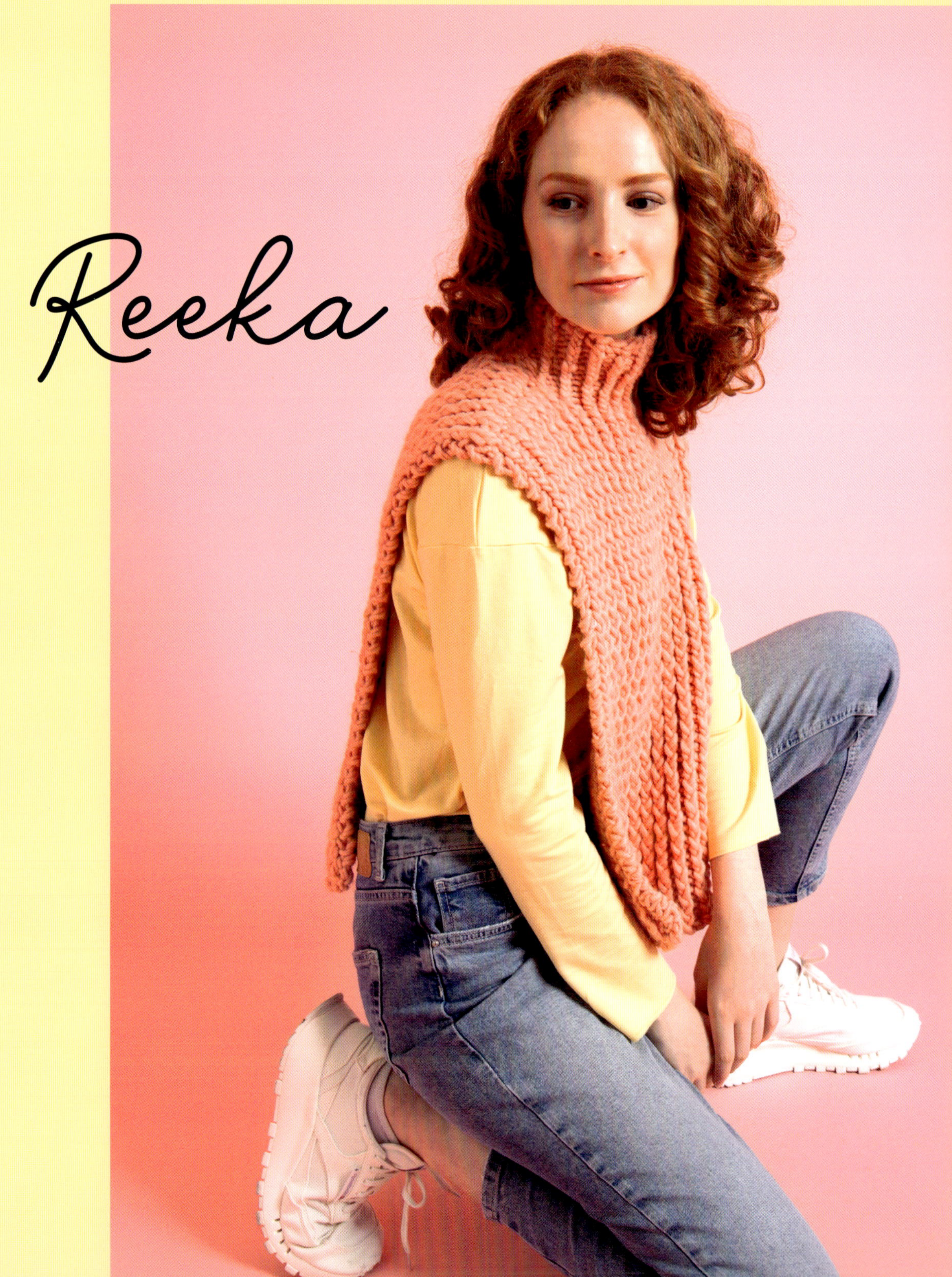

Mal wieder Abwechslung im Alltag! Mit diesem Unterziehrolli kann man sich von der Masse wunderbar abheben und zeigen, dass man mit der Mode geht, denn hier führt man sein liebgewonnenes Einzelstück aus.

SCHWIERIGKEITSGRAD ✖✖✖ | GRÖSSE **S (M, L, XL)**

Hinweis: Die Angaben für die Größe S stehen vor der Klammer, für die Größen M, L, XL stehen die Angaben in der Klammer. Steht nur eine Angabe, gilt diese für alle Größen.

MASSE

Länge insgesamt: ca. 54 cm
Länge Kragen: ca. 9 cm
Breite Kragen: ca. 14 cm
Breite insgesamt: ca. 42 cm

Hinweis: Die Maßangaben gelten für die Größe S/M, die das Model auf dem Bild trägt.

MATERIAL

- Rico Design Essentials Super Super Chunky (50 % Schurwolle, 50 % Polyacryl, LL 90 m/100 g) in Lachs (Fb 023), 400 (500, 600, 600) g
- Rundstricknadeln 7,0 mm und 10,0 mm, 80 cm und 60 cm lang
- Häkelnadel 8,0 mm
- Stumpfe Wollnadel
- Hilfsnadeln (2 Stück)
- Maßband
- Schere

STRICKWEISE

Das Modell ist etwas Besonderes, denn es wird nicht seitlich zusammengenäht. Der Unterziehrolli besteht aus 2 Teilen, die zum Schluss mit einer Schulternaht verbunden werden. Er wird nur in einem Muster gestrickt. Durch links verschränkte Maschen entsteht ein ungewöhnlich schönes Rippenmuster.

MASCHENPROBE

Mit Nd 10,0 mm Rippenmuster 1/1 links verschränkt
11 M und 12 R = 10 x 10 cm

Mit Nd 7,0 mm Rippenmuster 1/1 links verschränkt
13 M und 14 R = 10 x 10 cm

GRUNDMUSTER

Rippenmuster 1/1 links verschränkt: In Hin-R abwechselnd 1 M rechts, 1 M links verschr str, in Rück-R wie die M erscheinen, also fortlaufend 1 M rechts, 1 M links verschr str.

So geht's

Vorder- und Rückenteil

Mit Nd 10,0 mm 45 (50, 55, 60) M anschl.
1. R: 1 RM links abh, in Rippenmuster * 1 M rechts, 1 M links *, ab * stets wdh, 1 RM links str.
2.–60. (64., 70., 74.) R: 1 RM links abh, * 1 M rechts, 1 M links verschr *, ab * stets wdh, 1 RM links str.
Die ersten 15 (17, 19, 21) M locker abk, die nächsten 15 (16, 17, 18) M auf eine Hilfs-Nd vor die Arbeit legen, die letzten 15 (17, 19, 21) M locker abk.

Nun werden das Rückenteil und das Vorderteil an den abgeketteten M mit dem Maschenstich zusammengenäht.

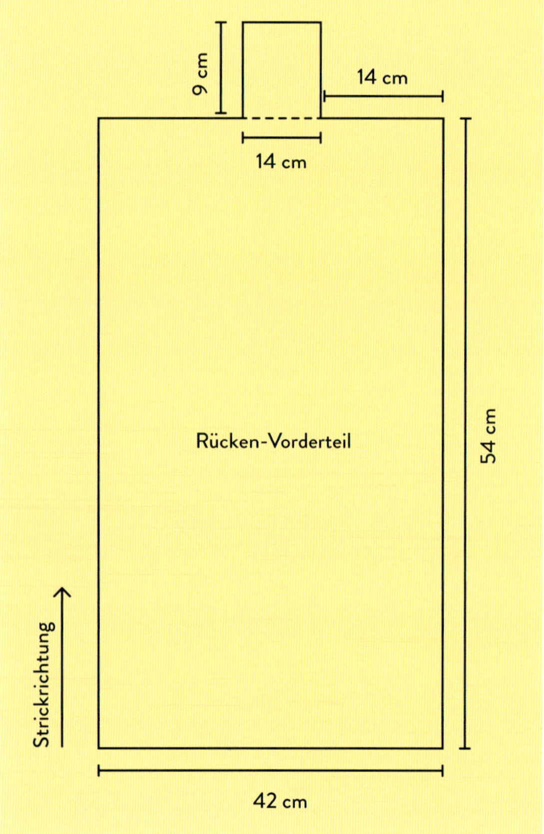

Kragen

Zuerst alle offenen 15 (16, 17, 18) M vom Rückenteil von der Hilfs-Nd auf eine Rundstrick-Nd 7,0 mm versetzen, dann 2 M aus der ersten Schulternaht zun, um die Lücke zu schließen, dann die offenen 15 (16, 17, 18) M des Vorderteils aufnehmen und am Ende wieder 2 M aus der anderen Schulternaht zun (= 34 (36, 38, 40) M). Zur Rd schließen und weiter in Rd str.

1.–11. Rd: * 1 M rechts, 1 M links verschr *, ab * stets wdh.

Alle M möglichst locker abk.

Fertigstellung

Zum Schluss alle Fäden vernähen. Vorsichtig von Hand waschen, in Form bringen und liegend trocknen lassen.

Tipp

Die Kanten kannst du mit einer Häkel-Nd 8,0 mm mit Krebs-M umhäkeln. Der Kragen kann in beliebiger Länge gestrickt werden.

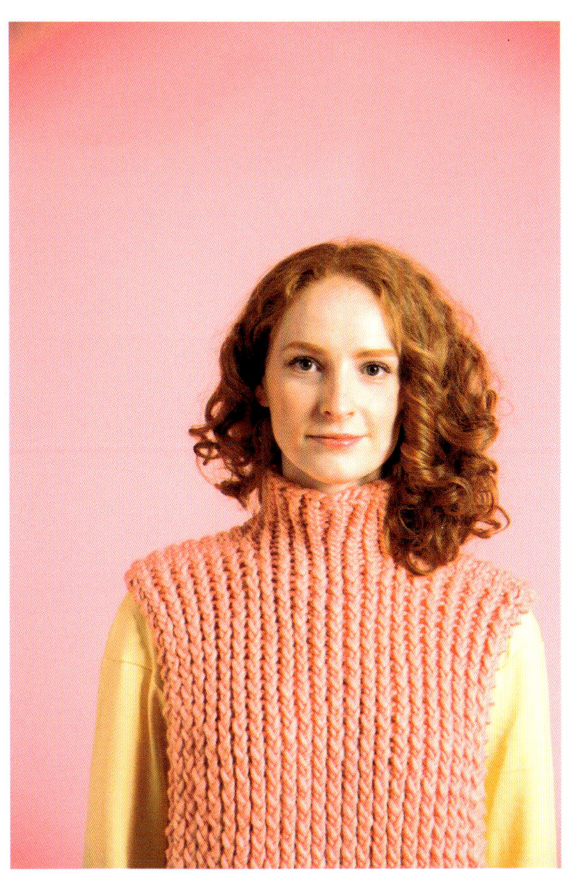

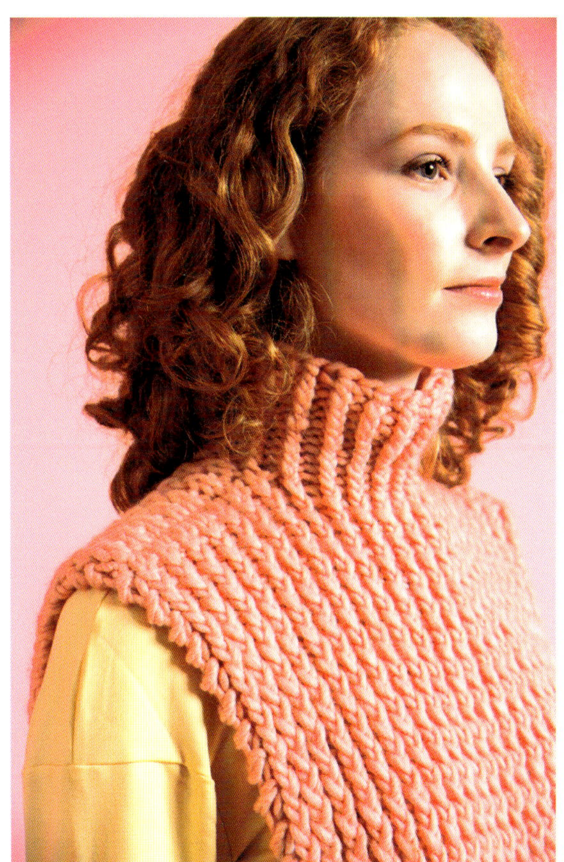

DANKSAGUNG

Nun möchte ich mich bei all den Menschen bedanken, die es ermöglicht haben, dass dieses Buch überhaupt erscheinen kann.

Danke an meinen Mann, der mich immer unterstützt hat und mir immer wieder den Rücken freigehalten hat.

Danke an meinen Verlag, der mir die Möglichkeit gab, meine Idee von einem Buch zu verwirklichen.

Danke an meine Familie, ihr seid der Fels in der Brandung und immer für mich da.

Danke an meine Sponsoren (We are knitters, Lang Yarns, Katia, Lana Grossa, Wool and the Gang, Rico Design und BettaKnit), ihr habt mir so tolle Wolle und euer Fachwissen zur Verfügung gestellt, ich weiß euer Engagement sehr zu schätzen.

Danke an meine liebe Korrekturleserin, die ich zufällig beim Teststrick kenengelert habe. Sie hat mir geholfen die Anleitungen verständlicher zu verfassen.

Und zum Schluss danke ich euch allen dafür, mein Buch gekauft zu haben und von nun an selbst an euren Projekten zu arbeiten. Glaubt an euch und gebt nie auf.

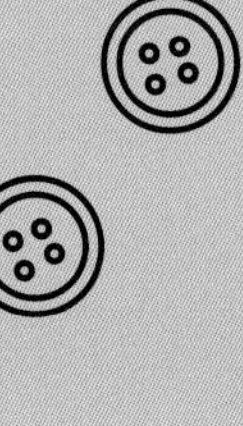

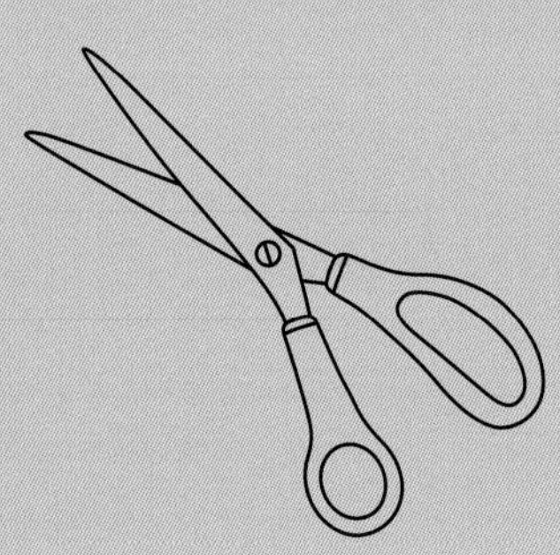

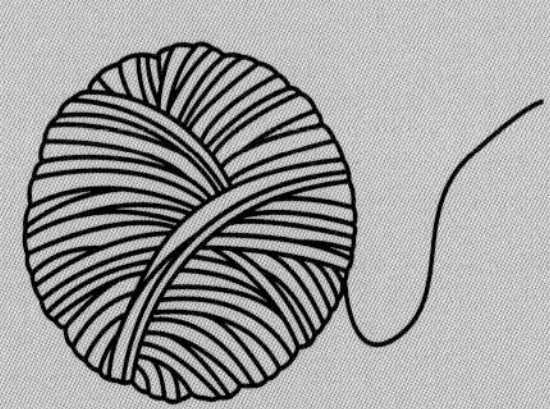

ÜBER DIE AUTORIN

Iryna Huber ist gebürtige Ukrainerin und vor sechs Jahren nach Deutschland gekommen, um ein Master-Studium zu absolvieren. Sie ist 32 Jahre alt und vor kurzem Mama geworden. Sie arbeitet als Projektmanagerin bei einer IT-Firma in München.

Neben dieser Tätigkeit schlägt ihr Herz für die Handarbeit! Schon als Kind hat sie viele Stoffspielzeuge gefertigt und Freunde und Verwandte beschenkt. Stricken und Häkeln hat sie in der Schule gelernt, aber dann, wie man so schön sagt, auf Eis gelegt. Nun steht sie, nach so vielen Jahren, mit ihrem Strick- und Häkelabenteuer am Anfang ihrer Reise. Sie hat erst während ihrer Schwangerschaft diese Leidenschaft wiederentdeckt, als sie einen Pullover für ihren Sohn strickte.

Ihr Interesse gilt definitiv dem Stricken mit dickeren Nadeln, und da es kein Buch zu dem Thema gab, hat sie sich selbst daran gemacht, Anleitungen zu entwerfen.

Auf ihrem Instagram-Account @little.knittery zeigt sie ihre neusten Modelle und stellt auch die eine oder andere Anleitung zur Verfügung. Sie hat 2020 die Hilfsaktion #großzügigehelfer gegründet, bei der selbst gemachte Projekte an die Kleiderkammer Ost (München) und das Frauenhaus Landshut gespendet werden.

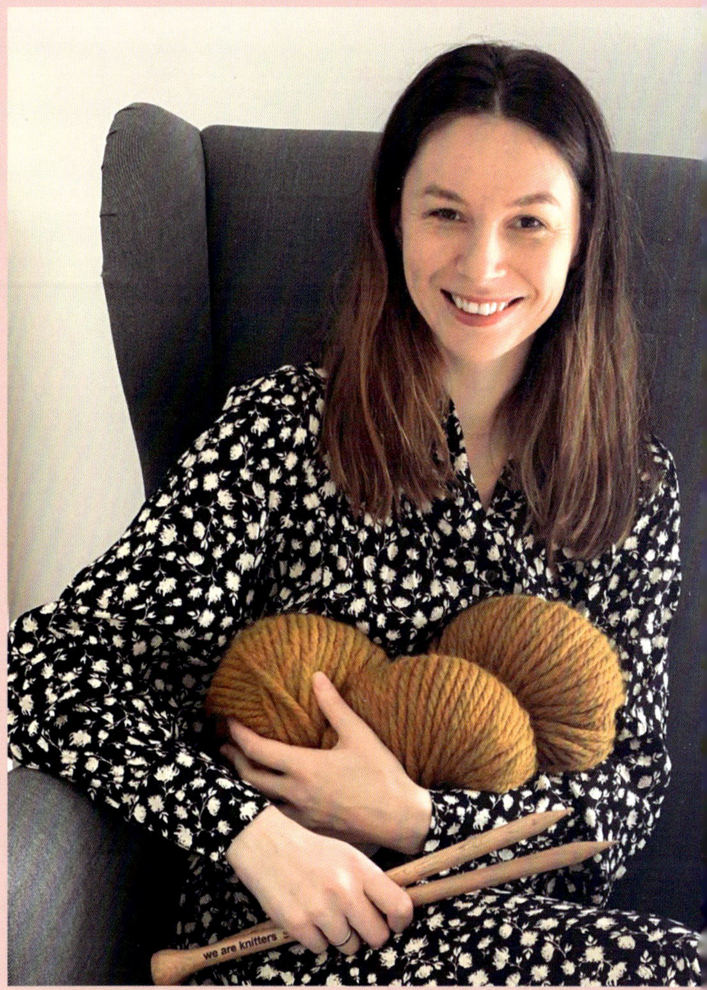

IMPRESSUM

Bibliografische Information der Deutschen Bibliothek.

Die Deutsche Bibliothek verzeichnet diese Publikation in der Deutschen Nationalbibliografie. Detaillierte bibliografische Daten sind im Internet über http://www.dnb.de/ abrufbar.

EIN BUCH DER EDITION MICHAEL FISCHER

1. Auflage 2021

Cover, Layout und Satz: Carolin Mayer

Projektmanagement: Isabella Krüger

Lektorat: Anna Säbel, München

Fotos: © Corinna Teresa Brix, München (Cover- und Aufmacherfotos), © Iryna Huber (Mood- und Anleitungsfotos)

Illustrationen: Alena Veasey/shutterstock (S. 8); Kapitelaufmacher/VNS: Talirina/shutterstock, Trish Volt/shutterstock, primiaou/shutterstock; Cover: Mureu/shutterstock

ISBN: 978-3-7459-0536-6

Gedruckt bei Polygraf Print, Čapajevova 44, 08001 Prešov, Slowakei

www.emf-verlag.de

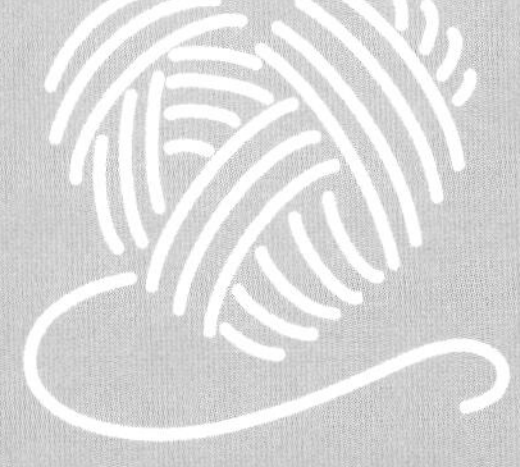